QUIÉN ERES TÚ PARA JUZGAR

Libros de Erwin W. Lutzer
publicados por Editorial Portavoz

Cuando le han ofendido
De pastor a pastor
Doctrinas que dividen
El Rey ya viene
Mantén vivo tu sueño
¿Quién eres tú para juzgar?
Siete trampas del enemigo
Vence el temor al fracaso
Versículos que cambian vidas

QUIÉN ERES TÚ PARA JUZGAR

Cómo distinguir entre verdades, medias verdades y mentiras

ERWIN W. LUTZER

EDITORIAL
PORTAVOZ

La misión de *Editorial Portavoz* consiste en proporcionar productos de calidad —con integridad y excelencia—, desde una perspectiva bíblica y confiable, que animen a las personas a conocer y servir a Jesucristo.

Título del original: *Who are You to Judge?,* © 2002 por Erwin W. Lutzer y publicado por Moody Press, Chicago, Illinois 60610.

Traducción: John Alfredo Bernal

EDITORIAL PORTAVOZ
2450 Oak Industrial Dr. NE
Grand Rapids, Michigan 49505 USA

Visítenos en: www.portavoz.com

ISBN 978-0-8254-5753-1

2 3 4 5 6 edición / año 24 23 22 21 20 19 18 17

Impreso en los Estados Unidos de América
Printed in the United States of America

Dedicado a John Armstrong.
Mentor y compañero de oración,
mas por encima de todo, un amigo.

"Doy gracias a mi Dios siempre que me acuerdo de vosotros".
Filipenses 1:3

CONTENIDO

ANTES DE COMENZAR

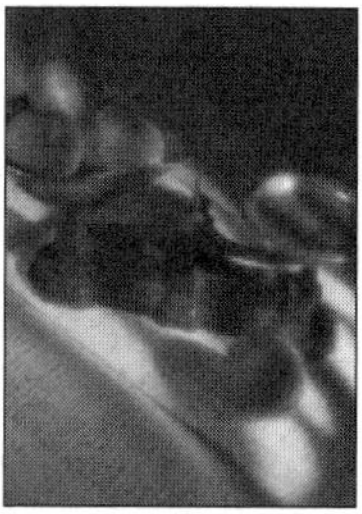

Hubo un tiempo en el que la verdad importaba mucho. De hecho, en ciertas situaciones la verdad llegaba a importar tanto que el amor escaseaba. Si usted lee algunos escritos de los reformadores se convencerá de que con demasiada frecuencia la verdad eclipsaba la caridad y tener la razón era siempre más importante que ser amables. A veces me pregunto qué habría sucedido si Juan Knox hubiera mostrado a María la reina de los escoceses un poco más de cortesía y compasión durante sus diálogos con ella. Por supuesto no podemos saberlo, pero es posible que su corazón se hubiera inclinado hacia la fe de la Reforma y se habrían suavizado los conflictos amargos que entablaron. Podemos decir lo mismo acerca del debate acalorado entre Lutero y Zwinglio, así como del rencor entre Calvino y Servet, quien murió quemado en el cadalso de Ginebra. Un poco de entendimiento habría endulzado estos conflictos.

En nuestra época nos hemos desviado hacia el extremo opuesto. El amor ha reemplazado a la verdad mientras que la unidad se ha vuelto más importante que cualquier doctrina, incluido el evangelio. Hoy día se prefiere tolerar la herejía al riesgo de parecer poco amorosos ante el mundo. De este modo, bajo el estandarte de la unidad se tolera casi todo tipo de extravíos doctrinales, mientras las transgresiones morales se obvian y perdonan con rapidez.

Tal vez no nos guste siempre la actitud de los reformadores, pero su ejemplo es un antídoto necesario para nuestra actitud y estilo de vida permisivos. Ellos nos dirían que nadie ha llegado al cielo por el simple hecho de ser amoroso. Si uno quiere entrar al cielo, la verdad es lo que se necesita. También nos advertirían que es posible alcanzar cierta unidad con base en el error. Jesús demostró que un espíritu de amor no es incompatible con advertencias acerca del error y hasta la denuncia de maestros falsos.

Ahora bien, ¿dónde trazamos la línea? ¿En qué momento tenemos que decir "ya es suficiente"? Por cierto, no queremos dividirnos por asuntos no esenciales ni tratar a otros creyentes con una actitud de superioridad espiritual, como si fuéramos los únicos que estamos en lo correcto. Al mismo tiempo, debemos sonar la trompeta y hacer un llamado a la iglesia para que se distinga del mundo. Debemos atesorar y defender la verdad, así corramos el riesgo de no ser comprendidos o de causar una ruptura en la comunión personal.

Este es un libro acerca del tema del discernimiento, aquella capacidad para distinguir entre lo falso y lo verdadero, o mejor todavía, entre la verdad y la verdad a medias. Por supuesto, no espero que todos los cristianos estén de acuerdo conmigo sobre los asuntos diversos que se tratan en las siguientes páginas, pero me gustaría pensar que este libro abrirá canales para el diálogo necesario acerca de estos temas. Mi mayor satisfacción sería que consideráramos de qué manera las dimensiones religiosas y morales de nuestra cultura han afectado a la iglesia y qué debería hacerse al respecto. Esta es la tarea a la que hemos sido llamados.

Por regla general, no he mencionado en mi discusión los nombres de aquellos que han optado por las ocurrencias personales y lo que llaman profecías en lugar de la doctrina sana. Mi intención ha sido suministrar los principios básicos necesarios para esta evaluación. Siempre habrá diferentes tipos de evangelistas, pastores, ministros de sanidad por fe y profetas, pero la Palabra de Dios permanece inmutable por la eternidad.

Únase a mí en este recorrido. Exploremos juntos para encontrar la manera de trazar otra vez esas líneas limítrofes que distinguen a la iglesia del mundo. Realicemos con amor la tarea de advertir, exhortar e instruirnos unos a otros con la esperanza de recuperar el terreno precioso que se ha perdido al habernos dejado inundar por el espíritu del mundo.

La tarea es urgente. Pidamos a Dios fortaleza para hacer lo que se necesita.

ERWIN LUTZER
IGLESIA MOODY, 2002

1

¿POR QUÉ TENEMOS MIEDO DE JUZGAR?

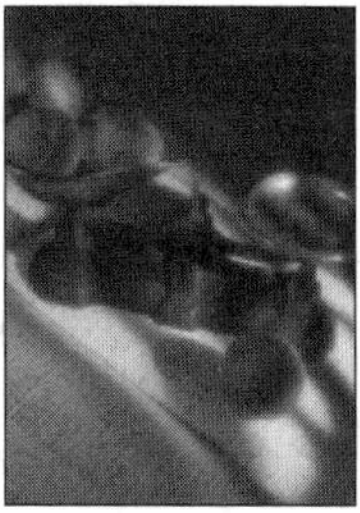

EL FUTURO ESTÁ AQUÍ

La iglesia debe estar en el mundo como un barco en el océano, pero tan pronto el océano entra al barco, este se encuentra en graves problemas. Temo que el barco del cristianismo evangélico ha permitido la entrada de demasiada agua. El mundo ha entrado a la iglesia con tanta rapidez que bien podríamos preguntarnos si la embarcación puede mantenerse a flote. La iglesia, que ha sido llamada a influenciar al mundo, se encuentra ahora influenciada por el mundo.

Si nosotros como representantes de Cristo a duras penas nos mantenemos a flote, ¿cómo se puede esperar que vayamos a rescatar a una sociedad que naufraga a nuestro alrededor? Hemos adoptado los valores del mundo y le hemos creído a su entretenimiento, sus valores morales y sus actitudes. También hemos adquirido su tolerancia, su insistencia en que nunca deberíamos cuestionar las creencias privadas de los individuos, tanto fuera como dentro de la iglesia. Ante las presiones culturales nos hemos visto confundidos, indecisos para actuar e incapaces de dar un testimonio amoroso pero también convincente al mundo.

Por supuesto, también hay muchos síntomas esperanzadores en nuestra cultura. Existen iglesias e individuos que ejercen una gran influencia para la causa del evangelio, y por eso estamos agradecidos. No obstante, la gran mayoría de los cristianos nos hemos conformado con un estilo cómodo de cristianismo que exige muy poco y en consecuencia, hace muy poca diferencia en la cultura general. Tan pronto el mundo da un paso en nuestra dirección, debemos acogerlo del todo sin que nos afecte la conciencia, pero una iglesia que opte por estar en paz con el mundo es incapaz de cambiarlo.

En la actualidad existe el mito de que el mundo es más tolerante que antes porque se aceptan "ambos puntos de vista". Si usted se para en una esquina en cualquier ciudad de los Estados Unidos y pregunta: "¿cuál es su opinión acerca de Jesucristo?", es probable que obtenga una respuesta favorable. Las personas le describirían como un buen maestro o como una persona que nos enseñó acerca del amor, pero podemos estar seguros de que el mundo habla bien de Él porque no entiende quién es y por qué vino a la tierra.

Escuche sus propias palabras: "Si el mundo os aborrece, sabed que a mí me ha aborrecido antes que a vosotros. Si fuerais del mundo, el mundo amaría lo suyo; pero porque no sois del mundo, antes yo os elegí del mundo, por eso el mundo os aborrece" (Jn. 15:18-19). El mundo en general tiene una opinión favorable de Jesucristo por la simple razón de que no sabe cómo interpretarlo.

Recuerde este axioma: cuanto mejor entienda el mundo el propósito de la venida de Jesús, más lo aborrecerá. Lo que el mundo valora es despreciado por Cristo, lo que Él ama es aborrecido por el mundo. Años atrás F. B. Meyer escribió: "Entre cosas tan opuestas e irreconciliables como la iglesia y el mundo, no puede haber más que antagonismo y contienda. Cada uno está dedicado a fines que se oponen por completo a los intereses más estimados del otro".[1] Ahora considere lo siguiente: la mayoría de los cristianos consideran que es posible seguir a Jesús ¡sin dar la espalda al mundo!

Varias generaciones atrás escuchábamos sermones que aludían al tema de la "separación bíblica", es decir, sermones acerca de la creencia de que debemos separarnos de todo aquello que desagrada a Dios y consagrarnos a los valores y las convicciones de las Escrituras. Muchos de nosotros oímos advertencias de cosas como las películas, el alcohol, el tabaco y un puñado de otros pecados. Esta clase de instrucción tenía sus limitaciones porque la piedad se definía con mucha frecuencia en términos de las cosas que se suponía no debíamos hacer, pero por lo menos se nos enseñó que algunas cosas eran correctas y otras eran erróneas. Así no haya sido perfecto, se hizo el intento de distinguir a la iglesia del mundo.

Mi generación afirmó ser más sabia que la de nuestros padres. Dijimos que la lista de "pecados mundanales" era de fabricación humana y que nos tocaba tomar nuestras propias decisiones sobre estos asuntos. Los cristianos de mayor edad que conocían su corazón mejor que nosotros el nuestro, nos advirtieron que si comenzábamos a tolerar la mundanalidad, como quisiera definirse, iniciaríamos una caída "en dominó" y llegaría el día en el que la iglesia se llenaría de "creyentes mundanos".

Ese día ya ha llegado.

Las encuestas de opinión muestran que la diferencia entre la iglesia y el mundo no puede notarse en muchos sentidos. Los pecados que cunden en el mundo también están en la iglesia: divorcio, inmoralidad, pornografía, entretenimiento atrevido, materialismo y apatía frente a lo que crean los demás. Nuestra creencia oficial es que las personas están perdidas si no confían en Jesús como Salvador, pero de manera no oficial actuamos como si lo que las personas creen y cómo se comportan no importa en realidad. No sorprende que nuestra luz se haya reducido a un pabilo y nuestra sal haya perdido su sabor.

Muchos creen que no tenemos derecho de juzgar el estilo de vida o las creencias de nadie. Nuestro compromiso con el individualismo radical y la privatización de la fe nos ha llevado a estar dispuestos a "vivir y dejar vivir" sin discusión, evaluación ni reprensión alguna. Hemos perdido la capacidad para juzgar al mundo porque hemos perdido la habilidad de juzgarnos a nosotros mismos. Afirmamos ciertas creencias y luego actuamos como si no importaran en realidad.

> HEMOS PERDIDO LA CAPACIDAD PARA JUZGAR AL MUNDO PORQUE HEMOS PERDIDO LA HABILIDAD DE JUZGARNOS A NOSOTROS MISMOS.

Tampoco sorprende que el versículo más citado de la Biblia haya dejado de ser "Porque de tal manera amó Dios al mundo" (Jn. 3:16), y ahora es "No juzguéis, para que no seáis juzgados" (Mt. 7:1). Incluso en círculos evangélicos oímos con frecuencia: "¿Quién eres tú para juzgar?" La implicación clara de la pregunta es que no tenemos derecho alguno para decir: "Este estilo de vida es incorrecto" o "esto es una herejía", o "este predicador es un maestro falso". La expresión que describe mejor a nuestra cultura es: ¡lo que te plazca!

¿Cómo llegamos aquí?

¿Por qué nos resulta tan difícil decir que algunas opiniones religiosas son incorrectas o que algunas conductas son pecaminosas? ¿Por qué permitimos que Hollywood se introduzca tanto a nuestro hogar y afirmamos que nosotros y nuestra familia no nos dejamos influenciar mucho por la industria del entretenimiento? ¿Por qué permitimos que abunden y prosperen tantos maestros y profetas falsos sin advertir al pueblo de Dios? ¿Por qué se practican diversas formas de ocultismo? Estas son solo algunas de las preguntas que discutiremos en los capítulos que siguen.

Antes de comenzar nuestro recorrido, debemos tener un entendimiento mejor de la manera como las ideas prevalecientes de nuestra cultura han influenciado a la iglesia. Tal vez descubramos que somos más afectados por el mundo de lo que nos damos cuenta. Por eso, antes de hablar acerca de nuestra responsabilidad como miembros de la iglesia, dediquemos unos momentos a entender los retos que confrontamos en el mundo que nos rodea.

> LA VERDAD HA DESAPARECIDO Y POCOS HAN NOTADO SU AUSENCIA.

Todos hemos oído que vivimos en una sociedad postmoderna, pero ¿qué significa esto? Además, ¿qué clase de influencia tiene el postmodernismo en la iglesia? Cada generación debe pelear sus propias batallas. Algunas veces los puntos de presión para una generación son los mismos de la generación anterior, pero con frecuencia los asuntos son muy diferentes. No obstante, cada generación debe confrontar al mundo, bien sea para cambiarlo o para ser cambiada por él.

Hoy día nuestros retos son únicos porque ninguna generación ha sido influenciada por la tecnología como la nuestra. Somos bombardeados por la televisión, la revolución del vídeo y la red informática global. Quizás ninguna generación ha tenido tantas oportunidades como la nuestra, ni tantos fracasos. En medio de la gran potencialidad que tenemos a disposición, temo que nos hemos desviado de lo bueno hacia lo trivial y hasta irracional. En nuestro tiempo se ha dado un cambio gigantesco en la manera de pensar. Esta generación percibe la realidad de una manera muy diferente a como lo hicieron generaciones pasadas. Sí, las personas en general no ven la vida como se había acostumbrado hacerlo, y los cristianos no somos la excepción.

Hagamos un recorrido breve por aquello que se denomina la mentalidad postmoderna para que podamos entender mejor los retos que tenemos ante nosotros. Después nos preguntaremos cómo hemos sido influenciados por el mundo y qué puede hacerse al respecto.

DESCENSO A LA DECADENCIA

La verdad ha desaparecido y pocos han notado su ausencia. Ante nuestros propios ojos se han derribado las formas anteriores de pensamiento, y en su lugar encontramos nuevas maneras de ver el mundo y nuestra experiencia del mismo. Algunos de nosotros crecimos con presuposiciones que ahora son desechadas y se han reemplazado con presupuestos nuevos que están en oposición directa al evangelio cristiano. Quizás no es demasiado fuerte decir que se ha declarado la guerra al pasado para favorecer un futuro nuevo y excitante.

> LA VERDAD SE DEFINE AHORA COMO MI PROPIA OPINIÓN PERSONAL.

No podemos entender el postmodernismo si no entendemos qué fue y qué es el modernismo. El modernismo era la creencia en que la razón tenía el poder de dar sentido al mundo. Se pensaba que la mente humana tiene la capacidad de interpretar la realidad y descubrir los valores predominantes. Era una mentalidad optimista porque creía en el progreso. Las personas creían que la ciencia y la historia podían conducirnos a varias verdades que nos ayudarían a interpretar la realidad. El modernismo atacó la religión en general y el cristianismo en particular porque creía que el cristianismo estaba lleno de supersticiones, pero al menos el modernismo creía que la verdad existía como tal y no tenía temor alguno de afirmarlo.

Ahora se ha impuesto el posmodernismo.

La noción contemporánea es que la razón fracasó en su intento de dar sentido al mundo y a la existencia. En efecto, se dice que el modernismo no tiene los bloques necesarios para construir un sistema de verdades que pueda aplicarse a todas las culturas. Por esa razón el presupuesto antiguo de que la verdad objetiva existe debe ser reemplazado con la noción de que en realidad no existe la "verdad", si con esa palabra quiere aludirse a valores que se aplican a todas las culturas en todos los tiempos. Si la verdad existe en absoluto, no se encuentra "allá afuera" a la espera de ser descubierta, sino más bien corresponde a mi propia respuesta personal a los datos que la realidad me presenta. El individuo no descubre la verdad, sino que es la fuente misma de la verdad.[2]

Mientras que el modernismo atacó a la religión como superstición, el postmodernismo acepta todas las religiones y rinde tributo a toda clase de supersticiones. La espiritualidad en todas sus manifestaciones se acepta hoy día sin que sea necesario afirmar que un punto de vista sea erróneo y otro correcto. Puesto que la verdad se define ahora como mi propia opinión personal acerca de la realidad, los seres humanos contamos con cualquier número de "verdades", y este puede equivaler a la cantidad de individuos que hay en el planeta.

El postmodernismo dice en teoría que no existe un parámetro independiente sobre el bien y el mal, ningún criterio independiente para determinar qué es verdad y qué es error. No obstante, debido a que somos seres morales, ni siquiera los posmodernistas pueden descartar todos los juicios morales. Siempre que ellos ven algo que no les gusta, inventan nuevas maneras de describir lo que ven y fabrican nociones que reemplazan el concepto de verdad del momento.

Estas nuevas modalidades de pensamiento han cambiado el diálogo en nuestro mundo moderno. Si vamos a retar a nuestra cultura, tenemos el deber de entenderla.

La imparcialidad reemplaza a la verdad

Como se mencionó, hubo un tiempo en el que las personas creían que la verdad existía así no se pusieran de acuerdo en qué era. En la actualidad, una creencia no es evaluada con base en su carácter falso o verdadero, sino con una respuesta subjetiva a la pregunta: "¿es imparcial?"

Piense en lo que esto significa para los que creemos en el evangelio. Es indudable que la idea de que la salvación venga solo a través de Cristo no parece muy "imparcial", en vista de la multiplicidad de religiones diferentes en el mundo. Por esta razón nuestro mensaje se declara inaceptable sin importar cuánta evidencia se presente en respaldo de su veracidad. De hecho, nos dicen que lo que creemos está basado en prejuicios estrechos y el cristianismo es descartado como el sesgo particular de los cristianos.

Este mismo método se aplica en la evaluación de la moralidad. Los posmodernistas dicen que la moralidad, si acaso existe en absoluto, es un ejercicio psicológico. Si usted y yo dijéramos: "yo creo que esto es inmoral", la mente moderna nos oye decir: "yo tengo este prejuicio". Todos hemos oído que las organizaciones que luchan para favorecer los derechos de los homosexuales se refieren a los que creen en el matrimonio tradicional como personas fanáticas y obcecadas. En otras palabras, la moralidad no es un asunto de objetividad, sino de preferencia y opinión personal.

Quizás resulte útil la siguiente ilustración tomada del béisbol. Alguien dijo que un árbitro del pasado habría dicho: "Según lo que *sean*, yo determino si los lanzamientos del *pitcher* son a favor o en contra de su equipo". Por otro lado, un árbitro moderno diría: "Según lo que yo *vea*, yo mismo determino si los lanzamientos no bateados son a favor o en contra del bateador". En cambio, un árbitro postmoderno diría: "Los lanzamientos son buenos o malos según se me *antoje* juzgarlos". De igual forma, en asuntos de religión y moralidad, la verdad es lo que yo diga que sea.

Ahora la virtud nacional por excelencia consiste en practicar el arte de ser inofensivos. Por eso, si usted piensa que tiene la "verdad", las reglas de cortesía le exigen que se abstenga de expresar sus pensamientos. Como buen ciudadano, usted debería tener la urbanidad suficiente para guardar silencio acerca de las convicciones que usted mantiene en privado (es decir, sus prejuicios). Hasta la libertad de expresión debe limitarse para no extender juicios morales acerca de la conducta de otras personas.

Dicho de otro modo, en la Constitución de los Estados Unidos se ha definido un nuevo "derecho": ¡nadie tiene por qué escuchar algo con lo cual no esté de acuerdo! Nunca debería obligarse a alguien a oír algo que le ofenda, por eso la legislación sobre "delitos de odio" se presenta como una defensa de aquellos grupos que al parecer han sido objeto de distinciones injustas para que se les trate con intransigencia como a delincuentes. Aunque estas leyes tienen méritos en ciertos casos, debemos ser conscientes de que la meta general consiste en declarar el "lenguaje ofensivo" como un delito execrable motivado por el odio, y esto conduciría tarde o temprano a silenciar la libertad de expresión.

Por ejemplo, en Canadá se han aprobado leyes en ese sentido y las autoridades han advertido al doctor James Dobson del ministerio *Enfoque a la Familia*, al doctor Jerry Falwell del programa "Old Time Gospel Hour" y a la doctora Laura Schlessinger, que no pueden transmitir sus programas si no quitan todos los segmentos que traten el tema de la homosexualidad. La junta de comunicaciones canadiense cita la "ley de delitos de odio" de Canadá, la cual dice que es ilegal hablar acerca de cualquier grupo de personas en términos prohibitivos. Esto significa que los pastores no pueden leer al aire versículos de la Biblia que aludan a las conductas homosexuales, o las estaciones de radio y televisión que transmiten sus programas corren el peligro de perder sus licencias.[3]

Algunos avanzan el argumento otro paso y dicen que el culpable no solo es quien comete el delito, sino cualquiera que no acepte las condiciones de los homosexuales. Recuerde que tras el homicidio de Matthew Shepherd se lanzó una red amplia de culpabilidad que incluyó a todos los que se pronunciaban en contra de los matrimonios homosexuales y los derechos especiales para los homosexuales. En consecuencia, debido a que las expresiones de oposición a los homosexuales contribuyen a los delitos cometidos por otros, la postura postmoderna es que tales sesgos deben mantenerse en privado, así sea por la única razón de que son ofensivos en gran medida.

La virtud contemporánea de no ser ofensivos también se ha hecho sentir en la esfera política. Usted recordará que después de los ataques terroristas del 11 de septiembre de 2001 algunos negocios no permitieron que sus empleados colocaran la bandera estadounidense sobre sus escritorios, por temor de ofender a otros trabajadores que no apoyaran la guerra en Afganistán. S. D. Gade, en su libro titulado *Cuando la tolerancia no es virtud*, dice que el objetivo de la corrección política (en esencia otra definición de la mentalidad postmoderna), consiste en invadir el "espacio de actitudes" de cualquier persona.[4]

El resultado es que solo podemos recibir buenas noticias, nunca malas. Usted puede decir que Jesús cambió su vida, pero lo que no se admite es afirmar que Él sea el único camino a Dios. Por un lado, esas declaraciones son injustas porque hacen a Jesús superior a otros líderes religiosos y esto ofende a la mayor parte de la población mundial. Lo que es más, tales declaraciones no pueden tener veracidad objetiva porque solo son el reflejo del sesgo religioso privado de una persona. Fin de la discusión.

No todo lo relacionado con el pensamiento político correcto es erróneo. Con frecuencia los cristianos hemos sido enjuiciadores, intolerantes y justos en nuestra propia opinión. Hemos sido culpables de racismo, elitismo y engreimiento doctrinal. Algunos cristianos necesitan una buena dosis de tolerancia, sobre todo en su relación con otros cristianos. Sin embargo, note lo siguiente: deberíamos ser tolerantes en estas áreas, no porque el no hacerlo ofenda a las personas, sino porque es lo correcto y debe hacerse. En otras palabras, nuestra tolerancia debe estar basada en la verdad, tanto como nuestra intolerancia debe basarse por completo en la verdad. Al fin de cuentas, nuestros juicios corresponden a preguntas acerca de la verdad de las cosas.[5]

El problema es que somos intolerantes sobre asuntos en los que deberíamos ser más tolerantes, y también somos tolerantes donde deberíamos ser intolerantes. En conclusión, nos sentimos bastante intimidados. En cuanto a mí, aunque no poseo todas las respuestas en nuestro mundo confuso, estoy convencido de que debemos tratar de ser fieles y verdaderos a lo que la Biblia enseña y vivir de acuerdo con el mandato que nuestro Señor nos dejó.

Hemos aprendido que para la mente moderna no existe corte de apelación en el sentido tradicional. La verdad es subjetiva y está desconectada de argumentos racionales y hechos concretos. Existe "su verdad" y "mi verdad", pero no una verdad que ambos podamos declarar como única. Por esa razón se considera que nuestro criterio para juzgar a las creencias y a los estilos de vida religiosos no es la verdad, sino la imparcialidad.

La verdad es reemplazada por la sensualidad

Si las percepciones individuales tienen la primacía, es evidente que los seres humanos gravitarán de lo racional a lo sensual. Al crear Dios al ser humano, dos cosas adquirieron santidad inherente. Una fue la santidad de la vida humana y la otra fue la santidad de la intimidad sexual. Hoy día presenciamos ataques contra ambas cosas: en la sociedad actual se ejerce la violencia sin restricciones tanto en la televisión como en las calles, y también estamos obsesionados con un erotismo que destruye el carácter sagrado del matrimonio.[6]

Las industrias de películas y medios de comunicación nos han vuelto insensibles a la violencia. En un estudio se demostró que los niños que veían a personas morir con armas de fuego en la televisión, aceptaban el hecho sin inmutarse. En cambio, al ver cachorros de perro correr la misma suerte, se horrorizaron y expresaron con lágrimas justas su enojo, su desconcierto y su tristeza. Habían sido condicionados a aceptar la violencia que acaba con la vida humana y solo se extrañaban con la violencia que mata a los animales.

Nosotros por naturaleza no somos impulsados por la racionalidad, sino por nuestros deseos. Sin impedimentos legales y religiosos, la humanidad siempre se desplaza en la dirección de sus impulsos carnales y sus sensaciones inmediatas. Eva se puso al frente del árbol prohibido y quedó fascinada por sus poderes ocultos. "Y vio la mujer que el árbol era bueno para comer, y que era agradable a los ojos, y árbol codiciable para alcanzar la sabiduría; y tomó de su fruto, y comió; y dio también a su marido, el cual comió así como ella" (Gn. 3:6). Sus percepciones tuvieron mayor presencia para ella que los mandatos de Dios. Lo que vio, sintió y anticipó le resultó más atractivo que la obediencia.

Abandonados a su suerte, los seres humanos se comportan de acuerdo con lo que se siente bien y no según lo que su mente y su conciencia les dicen que es correcto. Ante la desintegración de las distinciones morales básicas, la tolerancia por cualquiera y por todas las desviaciones está de moda. He oído a personas decir: "No puedo negar mis propios sentimientos, son parte de quien soy así que me toca hacer lo que siento que sea mejor". Hace algunos años vimos una calcomanía en un automóvil que decía: "Si se siente bien, hazlo". En la actualidad se ven otros adhesivos que dicen: "Si se siente bien, está bien". En cuanto a la noción de culpa, si acaso existe en absoluto no pasa de ser un sentimiento del cual hay que aprender a deshacerse.

Como el ego ha reemplazado a Dios, las personas se sienten libres para hacer todo lo que consideren necesario en la búsqueda del placer, sin importar quién salga lastimado y sin importar las consecuencias. Puesto que no existen juicios morales que puedan aplicarse a todas las personas todo el tiempo, y como la moralidad no es más que lo que "me parezca bueno", no sorprende que se escucha todo el tiempo este refrán que ya suena como un axioma religioso: "¿Quién eres tú para juzgar?"

Razi Zacharias pregunta: "¿Cómo podemos comunicar el evangelio a una generación que oye con sus ojos y piensa con sus sentimientos?"[7] Esa es una pregunta excelente, aunque su respuesta se sale del alcance y el propósito de este libro. Yo estoy más interesado en asegurarme de que nos quede algún evangelio para comunicar antes que investigar la pregunta de cómo debería ser comunicado.

Nuestros retos nos aguardan en muchos frentes.

La verdad es reemplazada por el misticismo

La religión está fuera de moda pero la espiritualidad está en boga. Lo que esto significa es que las personas están "interesadas" en las cosas espirituales sin tener que creer en doctrinas específicas. Puesto que ya no tenemos verdades objetivas, sino solo percepciones individuales, en realidad no importa si estas percepciones se contradicen entre sí. Si lo que yo experimento es verdadero para mí, ¿quién es usted para decirme lo contrario?

Deepak Chopra une el misticismo religioso con la medicina y enseña que la sustancia básica de nuestro cuerpo no es materia, sino energía e información. Debemos ser conscientes del flujo de energía humano que está centrado en canales conocidos como chacras.[8] La sanidad tiene lugar tan pronto corregimos el flujo de energía humana y cualquier desequilibrio en él. Esto se hace al pasar las manos sobre la otra persona pero sin hacer contacto. No se requiere de contacto físico porque el *prana* o energía vital se extiende unos cuantos centímetros por encima de la piel.

Chopra cree que nosotros en esencia somos amor, verdad, compasión, conciencia y espíritu. Su dicho favorito es: "¡Soy perfecto tal como soy!"[9] Nuestro problema es que no creemos esto. Si de verdad lo creyéramos seríamos saludables porque nosotros somos la fuente de nuestra fortaleza y salud. En su sistema se niega la existencia del mal, y la "verdad" es cualquier cosa que funcione en el momento. Además de esto, se anima a las personas a experimentar con fenómenos ocultos.

Una que otra vez leemos historias acerca del valor de la oración en la curación de dolencias físicas. En un estudio controlado se demostró que las personas que recibían oración se recuperaban con mucha más rapidez que las demás. Sin lugar a dudas, hubo algunas evidencias de sanidades milagrosas, pero lo más importante es que el informe decía que no importaba quién oraba ni delante de qué deidad se mencionaban los nombres de los pacientes.

Mientras que en la mentalidad moderna todas las religiones eran erróneas, esta nueva información acerca de la oración parece corroborar la noción postmoderna de que todas las religiones tienen la razón. Por eso nos dicen en la actualidad que todos los puntos de vista religiosos, sin importar todas sus contradicciones lógicas, son válidos por igual. Se cree que la mente crea su propia realidad y que las ideas son "verdaderas" por la simple razón de que el individuo las piensa y cree. La verdad es lo que yo percibo que es.

Es evidente que nosotros como cristianos tenemos un reto ante nosotros, ya que nuestro compromiso con Cristo demanda que pronunciemos juicios en este mundo no enjuiciador.

EL RETO QUE TENEMOS POR DELANTE

No podemos culpar al postmodernismo por la condición de la iglesia, pero no hay duda de que todos hemos sido influenciados por su inclinación a la tolerancia. Muchos cristianos no sienten obligación alguna de comunicar su fe a los demás. Creen que sus propias convicciones son buenas para ellos y que sería lindo si otros se convirtieran en cristianos, ¡pero no consideran urgente que otros escuchen el mensaje cristiano! Esta puede ser la explicación de que, según el encuestador y estadístico George Barna, apenas el 8 por ciento de los adultos tienen creencias evangélicas en comparación al 12 por ciento en la década pasada. Barna dice: "La proporción ha bajado un tercio y los norteamericanos todavía no han terminado de cambiar sus opiniones teológicas".[10]

> PENSAMOS QUE ES MEJOR TOLERAR LA MALDAD QUE DAR UNA MALA IMPRESIÓN SI NOS DEDICAMOS A DEFENDER LA VERDAD.

Muchos cristianos sienten vergüenza por el hecho de que creemos en una verdad universal y sobre todo en el carácter único y exclusivo de Cristo y de su muerte y resurrección como el único medio por el cual podemos ser aceptados por Dios. En una época en la que el pecado más grande es ofender a otros y la virtud más grande es ser inofensivos, resulta bastante difícil transmitir un mensaje que en esencia es ofensivo para la mente del hombre caído.

Es más, nos sentimos intimidados no solo para juzgar la perdición del mundo, sino también para juzgar la condición de la iglesia. Nos avergüenzan los argumentos acerca de doctrina y las pequeñeces que muchas veces han sido motivo de división en la iglesia. En repetidas ocasiones hemos oído cuán terrible es que el protestantismo se haya fragmentado en una gran cantidad de denominaciones y que estas separaciones han sido un escándalo ante el mundo que observa desde afuera. Como resultado, tenemos miedo de que cualquier juicio que emitamos solo contribuya a aumentar estas divisiones y dar la impresión de que la iglesia está en guerra consigo misma.

Otros llevan la campaña por la unidad un paso más adelante y creen que incluso la división entre protestantismo y catolicismo debería ser subsanada. No será sino hasta que toda la cristiandad sea una en organización, en visión y en doctrina, que el mundo creerá, es más o menos el mensaje implícito de esta iniciativa. Puesto que la reforma protestante comenzó a raíz de un desacuerdo doctrinal, algunos nos dicen que la doctrina debe someterse a una reducción total si es que quiere alcanzarse la unidad espiritual.

Así pues, en un mundo donde la doctrina es vista como el enemigo de la unidad, parece razonable que los "asuntos doctrinales insignificantes", como son llamados con frecuencia, deban ponerse a un lado para beneficio de la unidad que tendrá una buena impresión en el mundo. Si trazamos una línea en la arena y decimos: "Aquí nos mantenemos firmes", lo que hacemos es dividir más una iglesia ya bastante fracturada. Unidad a cualquier costo.

¡Con razón tenemos miedo de pronunciar juicios! Por todas partes nos dicen que deberíamos unirnos, no dividirnos. Deberíamos amar en lugar de aferrarnos a nuestros sesgos personales. Debemos concentrarnos en nuestras propias fallas y no en las de los demás. "El amor cubrirá multitud de pecados" es el estandarte que mejor caracteriza el estado de ánimo de nuestra generación.

En una atmósfera así, se puede entender mejor por qué con frecuencia hemos aceptado sin crítica alguna los valores del mundo, su tolerancia veleidosa, su entretenimiento y su compromiso con el individualismo egoísta. Hemos preferido permanecer en silencio y observar mientras nuestra cultura va de un lado al otro, indefensa en medio de las corrientes que la arrastran. En nuestra timidez hemos perdido la credibilidad que se necesita para dar un testimonio contundente al mundo.

Con seguridad estamos de acuerdo en que el discernimiento escasea. Tras haber sido educados con la idea de que debemos "vivir y dejar vivir", hemos permitido que el pensamiento mundano florezca. Mientras el ocultismo crece dentro de la iglesia evangélica, pocos están dispuestos a sonar la alarma. Menos todavía están dispuestos a identificar a los profetas falsos que abundan o a dar buenas razones por las que el Dios del Islam es diferente al Dios del cristianismo. De este modo, grandes multitudes son engañadas sin ser advertidas acerca del peligro. En el fondo, pensamos que es mejor tolerar la maldad que dar una mala impresión si nos dedicamos a defender la verdad.

Es cierto, debemos admitir que la iglesia muchas veces ha dado una mala impresión. Se han entablado disputas doctrinales innecesarias, ha habido conflictos motivados por diferencias en personalidad y los egos de los líderes han sido muchas veces la única base para divisiones, enfrentamientos amargos y conflictos injustificados. No obstante, la responsabilidad que tenemos de pronunciar juicios no deja de ser un hecho innegable. Nosotros debemos representar a Cristo en un mundo que lo honra de labios pero cuyo corazón está consagrado a otros amores.

Quizás ningún pasaje de las Escrituras ha sido empleado con tanta frecuencia o eficacia para desalentar el enjuiciamiento de la doctrina o de los maestros religiosos como la oración que Jesús ofreció en Juan [17]. Puesto que Él oró por la unidad, algunos dicen que sus palabras significan que la unidad debe anteceder a la verdad. Han argumentado que como la doctrina divide, esta debe reducirse a un mínimo por el bien mayor de alcanzar al mundo.

Ahora bien, ¿quiso Cristo que entendiéramos por sus palabras que no debemos juzgar las doctrinas? ¿Acaso quiso dar a entender que la unidad es más importante que la verdad? ¿Necesitamos dejar a un lado nuestros desacuerdos a favor de una iglesia "unida" para dar una buena impresión al mundo? ¿Qué debería ver el mundo cada vez que se fija en la iglesia?

EL CUMPLIMIENTO DE LA ORACIÓN DE JESÚS

Siempre ha habido tensión entre la integridad doctrinal y la unidad. Jesús hizo hincapié en ambas cosas en su oración, y nuestra responsabilidad consiste en encontrar el equilibrio entre ellas. En Juan 17:11 Él oró por la clase de unidad que podría efectuar un cambio en el mundo: "para que todos sean uno; como tú, oh Padre, en mí, y yo en ti, que también ellos sean uno en nosotros; para que el mundo crea que tú me enviaste" (v. 21). La unidad por la que Él oró sería tan poderosa que el mundo notaría la diferencia y se dispondría a creer en Él. Esta es una unidad que debe ser visible, creíble y sobrenatural.

Ahora bien, consideremos lo siguiente:

En primer lugar, la Biblia nos dice de manera explícita que Él ora por unidad solamente entre sus seguidores verdaderos. Ellos se describen como aquellos a quienes Cristo reveló el Padre (v. 6), y son los que han obedecido su palabra (v. 6). Su oración va dirigida en representación de aquellos que entienden su carácter único. Él ora por aquellos que reconocen que Él es un profeta, sí, pero mucho más que un profeta. Su oración es por aquellos que creen en su nombre para su salvación y como la pasión de la vida de cada uno de ellos.

EL AMOR DENTRO DE LA IGLESIA ATRAE AL MUNDO Y LA SANTIDAD DENTRO DE LA IGLESIA CONVENCE AL MUNDO DE PECADO.

No lo podría haber dicho con más claridad: "no ruego por el mundo, sino por los que me diste; porque tuyos son" (v. 9). Él no ora por Judas, pues él no fue dado por el Padre al Hijo y en ningún momento Judas le perteneció (v. 12). Él solo ora aquí por sus seguidores, para que las fuerzas potentes del mal que tendrían que enfrentar, no afectaran su unidad.

Esta no es una oración a favor de una cristiandad a escala mundial y tampoco es una oración por la unidad visible de la iglesia como organización humana, sin importar cuáles sean sus creencias y enseñanzas. Sin importar qué digamos acerca del catolicismo romano contemporáneo, el hecho es que durante los días de la reforma la iglesia se había alejado mucho de las enseñanzas de la Biblia, en particular sobre el tema de la salvación. Decir que los reformadores debieron mantener la unidad de la organización eclesiástica aun en medio de los errores doctrinales serios a los que se opusieron, equivale a desdecir la enseñanza de Jesús. Unidad entre los creyentes sí, unidad con los que enseñan un evangelio falso, no.

La oración de Jesús comenzó a ser contestada mediante la venida del Espíritu Santo en el Pentecostés para unir a todos los creyentes como uno solo en el cuerpo de Cristo. La respuesta a esta oración continúa hasta el día de hoy, cada vez que los creyentes nuevos reciben el don del Espíritu Santo y son bautizados en el mismo cuerpo (1 Co. 12:13). Esta oración trasciende todas las denominaciones y grupos. Es una oración que trasciende todas las razas, culturas y géneros. Es una oración por todos los que de verdad han sido nacidos del Espíritu en todos los países y los rincones de la tierra.

En segundo lugar, Jesús oró para que esta fuera una unidad respaldada por la verdad. "Santifícalos en tu verdad; tu palabra es verdad" (v. 17). Aquí Él ora por la pureza de la iglesia y pide que sus creyentes fueran apartados para ser bendecidos y usados por el Padre. Él pide aquí que la iglesia sea pura y separada del mundo, comprometida por completo a la realización de su misión divina. "Como tú me enviaste al mundo, así yo los he enviado al mundo" (v. 18).

¿Qué debe ver el mundo cada vez que observa a la iglesia?

El mundo debería ser atraído por nuestra unidad evidente basada en la verdad. Tan solo unas horas antes de esta oración, Jesús dijo a sus discípulos: "En esto conocerán todos que sois mis discípulos, si tuviereis amor los unos con los otros" (Jn. 13:35). Puesto que este amor debe ser visto, mi opinión es que Jesús tenía en mente el amor que existe dentro de los miembros de una congregación local y no tanto la unidad general de la organización eclesiástica que muchos consideran como la clave para ganar el mundo para Cristo.

Por favor no se confunda, yo no afirmo aquí que la unidad externa sea opcional porque ya tengamos la unidad del Espíritu. Es indudable que los cristianos debemos esforzarnos y ser "solícitos en guardar la unidad del Espíritu en el vínculo de la paz", como

Pablo nos insta a hacerlo (Ef. 4:3). La historia de la iglesia está llena de muchos ejemplos de división innecesaria que estuvo basada en diferencias de personalidad y otras trivialidades. En muchas ocasiones la fragmentación del protestantismo ha sido sin duda un motivo de escándalo que genera rechazo en el mundo, pero no podemos cumplir la oración de Jesús con el sacrificio injustificado de nuestras diferencias, sobre todo si esas diferencias comprometen el corazón mismo del evangelio.

Lo que es más, dudo que el mundo se apresure a creer tan pronto las denominaciones protestantes se deshagan de sus títulos o si grandes campañas unidas se llevan a cabo en los estadios del mundo para demostrar que ahora todos nos hemos vuelto "uno". En mi opinión, la unión del protestantismo y el catolicismo tampoco iniciaría una ola de conversiones en masa. Esa clase de unidad puede atraer la atención de los medios en un principio, pero sus efectos se disiparían tarde o temprano.

Las personas quedarán impresionadas si nos convertimos en una comunidad de miembros que se preocupan los unos por los otros, y cuyo sacrificio mutuo es tan genuino y notorio que los demás no pueden negarlo ni dejar de percibirlo. Nuestro hogar fragmentado ha producido una sensación de traición e indignidad que solo las amistades más íntimas y profundas pueden comenzar a sanar. Los creyentes individuales que viven la vida de Cristo hombro a hombro con las personas escépticas del mundo darán credibilidad a nuestro mensaje. Debemos comprometernos a ayudar a los pobres, apoyar la causa de los oprimidos y dedicar nuestras energías para beneficio de los que han descartado el cristianismo por considerarlo irrelevante.

Los argumentos intelectuales por sí solos no ganarán a una generación educada con la noción de que las cosmovisiones no deben ser juzgadas con arreglo a su solidez racional o las evidencias a su favor. El cristianismo, arraigado en el suelo de la historia y la razón, tiene dificultad para competir en una era entregada a la irracionalidad. Por otro lado, una vida consagrada al mejoramiento de los demás es difícil de refutar. Como Francis Schaeffer solía decirnos, la iglesia local "no solo debería ser íntegra, sino también hermosa". El amor los conquistará.

En tercer lugar, Jesús oró por la santidad de la iglesia. "No ruego que los quites del mundo, sino que los guardes del mal. No son del mundo, como tampoco yo soy del mundo. Santifícalos en tu verdad; tu palabra es verdad" (Jn. 17:15-17).

> LA IGLESIA NECESITA CON URGENCIA DE CREDIBILIDAD EN ESTE MOMENTO DE LA HISTORIA.

La iglesia ha de ser "santificada", es decir, debe convertirse en una comunidad de creyentes que acogen la integridad, la pureza y el amor apasionado por Dios. Los valores del mundo deben ser rechazados en su interior, porque la Biblia afirma sin ambages lo siguiente acerca de aquel que ama al mundo: "el amor del Padre no está en él" (1 Jn. 2:15).

Tenga esto muy en cuenta: el amor dentro de la iglesia atrae al mundo y la santidad dentro de la iglesia convence al mundo de pecado. En la iglesia primitiva siempre venía un gran temor sobre las personas tan pronto veían a la iglesia comprometida a vivir en disciplina y santidad. Es lamentable que el mundo observe a la iglesia en la actualidad y aunque pueda ver un compromiso de amar (el cual interpreta como tolerancia incondicional), dudo que vea un compromiso serio con la vida en santidad. En realidad, los creyentes hemos sido llamados a cumplir ambos compromisos.

Nosotros somos, Pedro dice, un pueblo escogido, "real sacerdocio, nación santa, pueblo adquirido por Dios, para que [anunciemos] las virtudes de aquel que [nos] llamó de las tinieblas a su luz admirable" (cp. 1 P. 2:9). Estoy de acuerdo con Dwight Edwards quien dice: "Si los incrédulos de la actualidad observan que los hijos de Dios viven en santidad radical, en comunidad sobrenatural y en gracia sobreabundante, ellos también serán provocados a considerar a Cristo en formas que miles de folletos evangélicos jamás tendrían éxito en hacerlo".[11]

Si el llamado a la santidad va a ser obedecido, debemos tener discernimiento. Ser apartados para Dios significa que podemos identificar los valores del mundo y optamos por vivir al ritmo de otro tambor. Estar en el mundo sin ser del mundo es el reto que tenemos delante de nosotros.

¿Cómo podemos representar a Cristo de manera efectiva en una época de supersticiones religiosas e individualismo radical? ¿Cómo podemos mantener ese equilibrio crítico entre santidad y unidad? La santificación por la que Jesús oró exige que renovemos nuestro compromiso con las verdades que han engrandecido a la iglesia.

EL PROPÓSITO DE ESTE LIBRO

El propósito de este libro es trazar de nuevo algunas líneas limítrofes entre la iglesia y el mundo que ahora mismo están borrosas. Es preguntarnos qué quiso Jesús dar a entender cuando dijo que deberíamos estar en el mundo sin ser del mundo. Debemos entender el mundo del cual hemos sido llamados y también debemos entender el llamado a la santidad que hemos recibido.

En las páginas que siguen, me he propuesto arrojar algo de luz sobre el tema casi olvidado del discernimiento, es decir, la capacidad para distinguir el cristianismo bíblico de la espiritualidad falsa y los valores terrenales del mundo actual. Mi meta es contribuir a que todos seamos cristianos vigilantes y de gran eficacia que aman la verdad y están dispuestos a vivir por ella así tengan que pagar un alto precio personal.

Yo creo que la iglesia necesita con urgencia de credibilidad en este momento de la historia. Estoy de acuerdo con S. D. Gade, quien dice que la pregunta más importante que debemos responder es: "¿Qué significa ser gente de verdad y justicia en una hora como la que vivimos?"[12] ¿Nos importa la situación o nos sentimos seguros en nuestro capullo, aislados de una sociedad que se desmorona? ¿Cómo podemos ser la iglesia de Cristo en este momento crucial de la historia?

Debemos hablar la verdad en amor a esta generación. No debemos pensar que la tarea sea imposible, porque Dios por el Espíritu obra para convencer a hombres y mujeres de la verdad. La ayuda divina está de nuestro lado. Tenemos que dar ejemplo de discernimiento y proteger con celo santo la verdad para bien de nuestros hijos y nietos. Solo una antorcha encendida puede inflamar a la generación siguiente.

Por supuesto, debemos tener cuidado en ser selectivos con nuestras batallas y sazonar nuestros juicios con amor. John Stott dice que algunos "tan pronto huelen la herejía, su nariz empieza a sacudirse, sus músculos se entiesan y la luz de la batalla captura sus miradas. Parece que disfrutaran de una pelea más que cualquier otra cosa".[13] Otros cometen el error opuesto y creen que el amor requiere que pasen por alto cualquier error por grave que sea.

Stott continúa: "La verdad se hace dura si no es suavizada por el amor y el amor se ablanda si no es fortalecido por la verdad".[14] El equilibrio es difícil de mantener, pero no tenemos otra opción que esforzarnos en mantenerlo siempre. Debemos sacar el agua que amenaza con naufragar nuestra embarcación si es que esperamos rescatar a los que están a punto de ahogarse.

Tal vez usted no esté de acuerdo con mi juicio, pero tengo la esperanza de que esté de acuerdo conmigo en que los juicios se requieren y son necesarios hoy más que nunca. Tratemos de descubrir qué quiso decir Jesús con sus palabras: "No juzguéis, para que no seáis juzgados" (Mt. 7:1).

Nuestra tarea consiste en hacer juicios sabios en un mundo no enjuiciador.

NOTAS

1. F. B. Meyer, *Love to the Uttermost: Expositions of John 13–21* [Amemos al máximo: exposiciones sobre Juan 13 al 21] (Nueva York: Revell, 1899), p. 135.
2. Jim Leffel y Dennis McCallum, "Postmodern Impact: Religion", [Impacto de la postmodernidad en la religión] en el libro de Dennis McCallum, editor, *The Death of Truth* [La muerte de la verdad] (Minneapolis: Bethany House, 1996), p. 211.
3. Family Voice [voz de la familia], julio y agosto, 2001, p. 23.
4. S. D. Gade, *When Tolerance Is No Virtue* [Cuando la tolerancia no es virtud] (Downers Grove, Illinois: InterVarsity, 1993), p. 22.
5. *Ibíd.*, pp. 28–29.
6. Ravi Zacharias, "An Ancient Message, through Modern Means, to a Postmodern Mind", [Un mensaje antiguo a través de medios modernos, para una mente postmoderna] en el libro D. A. Carson, editor, Telling the Truth: Evangelizing Postmoderns [Digamos la verdad: Cómo evangelizar a los postmodernos] (Grand Rapids: Zondervan, 2000), p. 24.
7. *Ibíd.*, p. 26.
8. Dónal P. O'Mathúna, en "Postmodern Impact: Health Care" [Influencia de la postmodernidad en el cuidado de la salud] en el libro *The Death of Truth* [La muerte de la verdad], p. 60.
9. *Ibíd.*, p. 72.
10. George Barna, "Religious Beliefs Vary Widely by Denomination" [Las creencias religiosas varían en gran medida de una denominación a otra], Barna Research Online, 25 de junio de 2001, www.barna.org/cgi-bin.
11. Dwight Edwards, *Revolution Within* [Revolución en el interior] (Colorado Springs: Waterbrook, 2001), pp. 24–25.
12. S. D. Gade, *When Tolerance Is No Virtue* [Cuando la tolerancia no es virtud], p. 17.
13. John Stott, *God's New Society: The Message of Ephesians* [La nueva sociedad de Dios: El mensaje de Efesios] (Downer's Grove: InterVarsity, 1979), p. 172.
14. *Ibíd.*

2

NO JUZGUÉIS, PARA QUE NO SEÁIS JUZGADOS:

¿Deberíamos dejar de pronunciar juicios?

"Dígame, ¿quién es usted para juzgar?"

Esto preguntó un asistente a un estudio bíblico, después de que el maestro dijera que quienes tienen relaciones sexuales antes del matrimonio desagradan a Dios.

"Al fin de cuentas, ¿quién de nosotros es perfecto?", continuó el estudiante. "No tenemos derecho alguno de sentarnos a juzgar la moralidad personal de otro ser humano".

Ahora bien, ¿quién es usted para juzgar?

Lo escuchamos todos los días:

- ¿Quién es usted para decir que Dios no puede aprobar las relaciones entre homosexuales que están basadas en el amor?
- ¿Quién es usted para decir que los Testigos de Jehová están en un error?
- ¿Quién es usted para negar que las personas caigan al ser "golpeadas en el espíritu" por un predicador ungido? ¿Quién es

usted para decir que ellos no han sido "golpeados" por el Espíritu Santo?

- ¿Quién es usted para decir que si alguien es sanado en una reunión, esto no puede haber sido hecho por el poder de Dios? Además, ¿quién es usted para decir que si una estatua de la virgen María llora no deberíamos pensar que lo hace porque trata de enviarnos un mensaje?

Si usted comienza a hablar sobre el tema de juzgar, verá dos reacciones diferentes. Por un lado, tendrá a ciertas personas que no están dispuestas a hacer juicios sobre cuestiones importantes y están determinadas a "vivir y dejar vivir" dentro de límites razonables, por supuesto. Aparte de cualquier actividad delictiva, creen que todas las personas deberían estar en capacidad de elegir sus propios valores y estilo de vida, y ni la iglesia ni los cristianos individuales tienen derecho alguno de "juzgarlos".

Por otro lado, hay personas que están demasiado dispuestas a juzgar. Les encanta afilar sus flechas, identificar su objetivo y hacer que quienes rodean se enteren de una vez por todas de qué piensa Dios en realidad. Es lamentable que estas personas críticas no solo juzgan a otros con la actitud equivocada, sino por razones no válidas. Muchas veces juzgan a otros, no a causa de una transgresión real de la conducta o la doctrina cristiana sino por tabúes pueriles o infracciones menores. Con frecuencia estos críticos sienten rabia y resentimiento hacia las personas que no viven a la altura de sus propias convicciones privadas. Como los fariseos, algunos solo se preocupan por la letra de la ley y olvidan cosas más importantes como la justicia, la misericordia y el amor.

Yo creo que Jesús habló a ambos grupos de personas al decir: "No juzguéis, para que no seáis juzgados. Porque con el juicio con que juzgáis, seréis juzgados, y con la medida con que medís, os será medido" (Mt. 7:1). Ahora bien, ¿qué quiso decir con estas palabras?

¿Acaso nos hacemos un favor si no emitimos juicios ya que esos mismos juicios volverán sobre nuestra propia cabeza? No lo creo.

Podemos estar seguros de que Jesús no enseñó aquí que no debamos juzgar en absoluto. Decir, como algunos, que deberíamos interpretar las palabras de Jesús como una prohibición absoluta de todo juicio que tuvo el propósito de crear un ambiente de unidad y apaciguamiento, o decir que deberíamos tener una actitud tolerante que nunca expresa opiniones acerca de lo que creen y hacen los demás, equivale a desdeñar las enseñanzas de Cristo. El argumento de que la unidad es más importante que la verdad y el amor más importante que la doctrina recta, es un error fundamental.

Tan solo considere el contexto inmediato de las palabras de Jesús. "No deis lo santo a los perros, ni echéis vuestras perlas delante de los cerdos, no sea que las pisoteen, y se vuelvan y os despedacen" (v. 6). ¿Cómo podríamos obedecer estas instrucciones a no ser que aprendamos a reconocer y distinguir entre perros y cerdos? Jesús hizo aquí una declaración aplastante y fuerte acerca de la necesidad de discriminar y aprender a distinguir entre lo limpio y lo inmundo, así como para evaluar qué es sabio y qué es insensato. Todo esto presupone la necesidad de que pronunciemos buenos juicios.

Ahora veamos el contexto más remoto: "Guardaos de los falsos profetas, que vienen a vosotros con vestidos de ovejas, pero por dentro son lobos rapaces" (v. 15). ¿Cómo vamos a protegernos de los falsos profetas si no podemos identificarlos? Se supone que nos toca buscar ciertas marcas distintivas de los maestros falsos para que podamos evitarlos y advertir a otros (un capítulo entero de este libro se dedicará a este asunto).

Solo unos cuantos versículos más adelante, Jesús hizo unos comentarios todavía más inquietantes: "No todo el que me dice: Señor, Señor, entrará en el reino de los cielos, sino el que hace la voluntad de mi Padre que está en los cielos. Muchos me dirán en aquel día: Señor, Señor, ¿no profetizamos en tu nombre, y en tu nombre echamos fuera demonios, y en tu nombre hicimos muchos milagros? Y entonces les declararé: Nunca os conocí; apartaos de mí, hacedores de maldad" (vv. 21-23).

> ¿CÓMO PODEMOS LIBRARNOS DEL FARISEÍSMO POR UN LADO Y DE LA INGENUIDAD VOLUBLE POR EL OTRO?

Aquí tenemos una declaración poderosa acerca de la presencia de falsos profetas que al parecer son capaces de hacer milagros portentosos pero no podrán entrar por la puerta del cielo en el día del juicio. Podemos estar equivocados sobre muchas cosas, ¡pero no nos equivoquemos en cuanto a los falsos maestros y sus doctrinas!

Pablo, el escritor de muchos libros en el Nuevo Testamento, estuvo de acuerdo con Jesús acerca de la necesidad de hacer juicios. Cuando los creyentes en Corinto decidieron no expulsar de la comunidad a un hombre inmoral, Pablo dijo que él mismo había pronunciado juicio sobre el transgresor, y que la iglesia tenía la obligación de excluirlo de la congregación "a fin de que el espíritu [de ese hombre] sea salvo en el día del Señor Jesús" (1 Co. 5:4). ¿Cómo podría la iglesia ejercer esa clase de autoridad si sus líderes no se disponen a emitir juicios?

En el capítulo siguiente Pablo enseñó que los creyentes no deberían llevar a juicio a otros creyentes en la presencia de jueces del mundo porque los líderes de la iglesia misma deberían intervenir en la resolución de esas desavenencias. El apóstol escribió: "¿O no sabéis que los santos han de juzgar al mundo? Y si el mundo ha de ser juzgado por vosotros, ¿sois indignos de juzgar cosas muy pequeñas? ¿O no sabéis que hemos de juzgar a los ángeles? ¿Cuánto más las cosas de esta vida? Si, pues, tenéis juicios sobre cosas de esta vida, ¿ponéis para juzgar a los que son de menor estima en la iglesia?" (1 Co. 6:2-4). Pablo dijo además que esa iglesia debería avergonzarse por no haber sido capaz de pronunciar juicios sabios sobre esos asuntos.

Casi cada semana escucho que algún cristiano o grupo de cristianos entabla demandas legales contra otros cristianos. El mundo litiga cada vez más y la iglesia parece seguir su ejemplo. Hace poco escuché que una denominación cristiana demandó a un cristiano que según ellos les debía dinero. Ni siquiera se tomaron la molestia de dirigirse a él primero para tratar de resolver el asunto. En un caso no relacionado, un hombre que se consideró en el pasado un líder cristiano, entabló una demanda contra una iglesia y la justificó diciendo que su abogado era cristiano y había descubierto "un método para circunvalar la enseñanza de las Escrituras".

Imagine qué clase de método serviría para "circunvalar" la enseñanza de la Biblia. Es lamentable que en muchos casos los cristianos ni siquiera tratan de "circunvalar" la Palabra de Dios y sin pensarlo dos veces la ignoran. De acuerdo con una encuesta reciente de Barna, "solo cuatro de cada diez adultos nacidos de nuevo se apoyan en la Biblia o en las enseñanzas de la iglesia como su fuente principal de orientación moral".[1] Si alguna vez hemos necesitado instrucción sobre la manera de juzgar, ¡es hoy!

Ahora bien, ¿qué quiso dar a entender Jesús cuando dijo "No juzguéis, para que no seáis juzgados" (Mt. 7:1)? En pocas palabras, Él enseñó que no deberíamos hacer juicios al estilo de los fariseos. No debemos ser hipócritas a quienes les encanta juzgar sobre asuntos irrelevantes, porque así los juicios sean correctos lo más seguro es que se hayan hecho por razones incorrectas. Los fariseos mantenían un tono de superioridad espiritual en todo lo que decían y hacían. Podríamos decir que Jesús nos advierte aquí: "No se vuelvan como los fariseos, asegúrense de hacer juicios justos".

¿Cómo podemos librarnos del fariseísmo por un lado y de la ingenuidad voluble por el otro? ¿Cómo sabemos qué debería juzgarse y cómo deben hacerse los juicios pertinentes? ¿Cuáles son los parámetros que nos guían? Estas son las preguntas que debemos contestar. Tenga presente que para nosotros juzgar significa ejercer el discernimiento. En otras situaciones también es posible que equivalga a condenar, y algunas veces ambas ideas están presentes, pero es claro que Jesús no enseña aquí que juzgar sea erróneo. Juzgar o discernir es un aspecto esencial de la vida cristiana.

PRINCIPIOS DE LOS JUICIOS CRISTIANOS

Ninguno de nosotros hace juicios perfectos. Hasta las personas piadosas tienen desacuerdos en cuanto a los méritos relativos de algunos asuntos o la manera como deberían manejarse los juicios, pero si podemos ponernos de acuerdo en los siguientes principios, tenemos una base sólida para juzgar. Aquí se encuentran algunas pautas que pueden ayudarnos a hacer juicios caracterizados por el buen discernimiento.

Humildad, no superioridad

Ya hemos aprendido que los fariseos eran ansiosos para juzgar a los demás. Tenían un espíritu crítico y querían creer lo peor de las personas. Estaban complacidos tan pronto sacaban a la luz las faltas que esperaban encontrar. Como el hermano mayor en la historia del hijo pródigo, el justo en su propia opinión resiente la gracia de Dios en la vida de pecadores "más grandes" que él. No puede regocijarse por las bendiciones que el Padre ha derramado sobre aquellos que según su opinión, merecen el peor de los castigos. El fariseo quiere asegurarse de que todos sigan sus reglas prescritas así él mismo no lo haga en privado. Tan pronto dejan de hacerlo, su deseo más intenso es que reciban un juicio severo.

Consideremos esta ilustración ocurrente de Jesús: "¿Y por qué miras la paja que está en el ojo de tu hermano, y no echas de ver la viga que está en tu propio ojo? ¿O cómo dirás a tu hermano: Déjame sacar la paja de tu ojo, y he aquí la viga en el ojo tuyo" (Mt. 7:3-4). Como metáfora, el ojo representa el alma, aquella parte de nosotros que "ve" en un sentido espiritual. Se refiere a nuestra capacidad para razonar, pensar y decidir. Tan solo unos versículos atrás Jesús dijo: "La lámpara del cuerpo es el ojo; así que, si tu ojo es bueno, todo tu cuerpo estará lleno de luz; pero si tu ojo es maligno, todo tu cuerpo estará en tinieblas. Así que, si la luz que en ti hay es tinieblas, ¿cuántas no serán las mismas tinieblas?" (6:22-23). Es obvia la importancia de que tengamos la vista clara, es decir, mente y corazón libres de impurezas.

EL PECADO SIEMPRE DISTORSIONA NUESTRAS PERCEPCIONES.

Usted y yo nos hemos encontrado con la clase de persona que Jesús describe con una "viga" en su ojo. Casi siempre se trata de un miembro de la iglesia que afirma estar interesado en la verdad e insiste en que solo le preocupa la salud del cuerpo de Cristo. Está ansioso de quitar el pedazo de paja o aserrín de su ojo y el de los demás, pero entre más le conoce usted, más se da cuenta de que esa persona no está interesada en la verdad después de todo. Si lo estuviera, ¡primero habría quitado la viga de su propio ojo!

Es evidente que Jesús nos quiso mostrar con algo de mordacidad la ridiculez de esta situación: visualice a un hombre que tiene una viga en su ojo y camina por la iglesia mientras intenta encontrar a una persona que tenga una paja en su ojo para ayudarla a sacarla. La imagen misma de un hombre que se mira al espejo y no puede ver lo que tiene en su ojo porque la viga misma no le permite ver, es sin lugar a dudas algo risible.

Ahora bien, si el hombre fuera honesto consigo mismo, si estuviera motivado por un deseo sincero de agradar al Señor, tendría el mismo cuidado de sí mismo como el que tiene por los demás. Haría todo lo necesario para quitar la viga de su propio ojo primero y luego comenzar a buscar a otros para ayudarlos. Como lo dice D. Martyn Lloyd-Jones: "Si un hombre afirma que su único interés es la rectitud y la verdad pero no las diferencias en personalidad, será tan crítico consigo mismo como lo es con las demás personas".[2]

Este es un principio básico de la naturaleza humana: las personas ven como una viga la paja que está en el ojo de los demás, y ven su propia viga como una partícula de aserrín. Recuerdo a una mujer iracunda que criticaba a los demás ¡y se quejaba de la falta de amor en la iglesia! Al negar su propia realidad desagradable, quedaba cegada y se sentía en libertad de enjuiciar con severidad a los demás. De manera similar, la gracia no hacía humildes a los fariseos porque ellos se aseguraban de reducir al mínimo sus propios pecados y aumentar al máximo los pecados de otros.

Algunas personas viven en dos mundos. En el primero pueden ser maestros de escuela dominical, ancianos y líderes cristianos de confianza, pero en el segundo pueden cometer adulterio, mantener una adicción o algo tan simple como ser motivados por sus intereses egoístas. Algunas veces encuentran defectos en los demás con la esperanza de que su propia reputación mejore en comparación con ellas. Esa clase de persona ve pajas en los demás porque su intención es demostrar que él puede "ver" a pesar de la viga en su propio ojo. Cree que su viga está tan bien escondida que nadie la puede ver, ¡y el hecho de que pueda "ver" la paja en el ojo de otra persona es prueba de ello!

Una pareja comprometida para casarse se acercó a mí porque el hombre era incapaz de perdonar a su novia, quien le confesó que había mantenido relaciones sexuales años antes de su conversión. A pesar del compromiso, él creyó que no podía casarse con una mujer que no fuera virgen. El hombre quería a una novia pura, sin los recuerdos de otras relaciones íntimas.

De inmediato le pregunté si él era virgen en su vida sexual. Resulta que él también había tenido una serie de relaciones sexuales en la universidad, y al confrontarlo con la doblez de sus criterios, él admitió que así pareciera razonable, los hechos eran los hechos: se sentía incapaz de perdonarla. Le indiqué que su problema era que no se había dejado humillar por su propio pecado del pasado. Había pecado igual que su novia, pero su pecado era diferente porque su viga había crecido tanto que ni siquiera él podía verla. Usted nunca entenderá el corazón de un fariseo hasta darse cuenta de que él ve la viga en su propio ojo como si solo perteneciera a los demás.

El pecado siempre distorsiona nuestras percepciones. El profeta Natán confrontó al rey David con la historia de un hombre rico que había robado la cordera de un hombre pobre, y esto le causó tal enojo que dijo: "Vive Jehová, que el que tal hizo es digno de muerte. Y debe pagar la cordera con cuatro tantos, porque hizo tal cosa, y no tuvo misericordia" (2 S. 12:5-6). Luego Natán dijo a David: "Tú eres aquel hombre" (v. 7). David pudo ver cuán malvado fue el robo de un animal pero no fue capaz de ver el pecado mayor de robar la esposa de un hombre y luego ocasionar su muerte para encubrirlo. Aunque fue ciego a sus propios pecados, vio los pecados de los demás con claridad.

NUESTRA PRIMERA PRIORIDAD DEBE SER SACAR LA VIGA DE NUESTRO PROPIO OJO.

La cirugía ocular es bastante delicada, por esa razón un oftalmólogo ciego no puede quitar los defectos en el ojo de otra persona. Esa es la enseñanza de Cristo: "No tenemos derecho alguno de juzgar a otros hasta que admitamos la verdad sobre nosotros mismos". Quizás uno de los problemas más grandes en nuestras iglesias es que no nos lamentamos por nuestro propio pecado personal. Pecamos sin quebrantamiento, sin un reconocimiento total de nuestras faltas en la presencia de Dios. Creemos que nuestro pecado es superficial y por eso lo tratamos de manera superficial.

Si tenemos el coraje de vernos a nosotros mismos en la presencia de Dios, nunca juzgaremos a los demás de forma incorrecta e injusta. Después de haber quitado la viga de nuestro propio ojo, veremos con claridad suficiente para quitar la paja del ojo de nuestro hermano. Pablo escribió: "Hermanos, si alguno fuere sorprendido en alguna falta, vosotros que sois espirituales, restauradle con espíritu de mansedumbre, considerándote a ti mismo, no sea que tú también seas tentado" (Gá. 6:1).

Cuanto más humildes seamos, más misericordia demostraremos a los demás. Los que han recibido misericordia deben extender a otros misericordia. Los que han experimentado la necesidad absoluta de la gracia divina deben invitar a los demás a aceptar la gracia al máximo.

Hechos, no suposiciones

Si nos apresuramos a juzgar, no necesitaremos mucha evidencia para formular nuestros juicios. Para los que ya han decidido qué piensan sobre la conducta y las creencias de los demás cualquier fragmento de información será suficiente. Algunos piensan que tienen el derecho de "conectar los puntos" y llegar a conclusiones basadas en sus propias intuiciones, especulaciones y deseos preconcebidos. Si se sienten enojados o con ganas de criticar, están más inclinados a saltar a conclusiones. Con razón leemos: "Al que responde palabra antes de oír, le es fatuidad y oprobio" (Pr. 18:13).

Recuerdo que yo formé un juicio negativo acerca de cierta persona con base en un correo electrónico que recibí. No me di cuenta de que quien lo envió había expresado su propia perspectiva sesgada, y resulta que esa persona tenía una viga en su propio ojo. Mientras viva seguiré asombrado por la diferencia en perspectiva que viene como resultado de oír un solo lado de la historia. El contexto, las razones y las motivaciones son factores necesarios para la formulación de juicios apropiados.

Como seres humanos siempre estamos limitados en nuestro conocimiento. Es imposible que sepamos todo acerca de cualquier cosa, por eso es fácil admitir que nuestros juicios pueden ser equivocados. No obstante, debemos tratar de protegernos en contra de hacer juicios apresurados y ser diligentes en investigar, hacer preguntas y hablar con los testigos del caso. Con razón Pablo escribió a Timoteo: "Contra un anciano no admitas acusación sino con dos o tres testigos" (1 Ti. 5:19).

Por supuesto, hoy día las enseñanzas de por lo menos unos cuantos maestros falsos tienen una amplia difusión en libros, programas de televisión y campañas multitudinarias. De igual modo, la conducta reprobable de algunos cristianos ha salido a la luz mientras una revelación tras otra estremece a la cristiandad. En consecuencia, no podemos ser demasiado cuidadosos, y en lugar de apresurarnos debemos pedir a Dios que nos ayude a pronunciar juicios sabios.

Debemos aprender que algunas veces debemos abstenernos de emitir juicio. No podemos pronunciar un veredicto sobre todo predicador, todo movimiento y todo libro o película. Si no contamos con toda la información pertinente, debemos hacer uso de máxima cautela. Los hechos deben guiarnos, nunca las suposiciones.

Palabras y acciones, no motivos

Solo Dios conoce los motivos del corazón. Tal vez yo mire a un predicador por televisión que urge a las personas a enviarle dinero y me sienta tentado a pensar que es un ambicioso, pero quizás no lo conozco lo suficiente como para emitir tal juicio. Lo que sí podría decir, sin embargo, es que sigue el mismo camino tomado por los falsos profetas que se caracterizaron por insistir en la importancia del dinero (2 P. 2:3). Aunque tenemos el mandato de someter a crítica piadosa la doctrina, los métodos y el estilo de vida de un hombre o una mujer, no estamos calificados para juzgar los secretos de su alma.

Un amigo mío, John Armstrong, me recordó que Satanás cometió el error de juzgar los motivos de Job. "¿Acaso teme Job a Dios de balde? ¿No le has cercado alrededor a él y a su casa y a todo lo que tiene?... Pero extiende ahora tu mano y toca todo lo que tiene, y verás si no blasfema contra ti en tu misma presencia" (Job 1:9-11). Satanás dijo que Job servía a Dios motivado por lo que recibiría a cambio, pero se equivocó en cuanto a los motivos de Job, quien no dejó de servir a Dios a pesar de haberlo perdido todo. Satanás erró al juzgar los motivos, y lo mismo nos sucederá si lo hacemos.

Pablo dijo que las opiniones de los demás le tenían sin cuidado:

> *Yo en muy poco tengo el ser juzgado por vosotros, o por tribunal humano; y ni aun yo me juzgo a mí mismo... Así que, no juzguéis nada antes de tiempo, hasta que venga el Señor, el cual aclarará también lo oculto de las tinieblas, y manifestará las intenciones de los corazones; y entonces cada uno recibirá su alabanza de Dios. (1 Co. 4:3, 5)*

Tenemos el mandato de juzgar sobre enseñanzas y conducta, así como conductas y actitudes pecaminosas, pero los motivos pertenecen a Dios y están fuera del alcance de nuestro conocimiento y jurisdicción.

El hecho de que no podamos conocer los motivos de los demás no es excusa para que no examinemos nuestros propios motivos. Deberíamos preguntarnos: "¿Por qué estamos interesados en juzgar las cosas? ¿Cuáles son nuestros motivos para criticar a maestros falsos, a la industria del entretenimiento, y a los estilos de vida de otros y de nosotros mismos? ¿Por qué leemos un libro sobre el tema de discernir y juzgar?"

En primer lugar, nuestro motivo debería ser guardarnos nosotros mismos de caer en el error. Recordemos lo que Jesús dijo acerca de la paja y la viga. Es evidente que nuestra primera prioridad debe ser sacar la viga de nuestro propio ojo. Estamos ansiosos de conocer la verdad porque anhelamos la santidad, deseamos agradar a Dios y queremos conocer lo que hay en su mente con respecto a lo que deberíamos creer y cómo deberíamos vivir.

La prudencia también exige que nos aseguremos de que un ministerio que afirma utilizar nuestro dinero para construir un orfanato en Zambia no utilice esos fondos para pagar su deuda adquirida en la construcción de su nuevo centro de operaciones. Todo juicio correcto comienza con el reconocimiento sincero y profundo de que nosotros rendimos cuentas a Dios por todos nuestros talentos y tesoros, y en particular, por nuestra manera de vivir y nuestros valores. Queremos ser "prudentes como serpientes" y "sencillos como palomas", porque nosotros mismos seremos evaluados por nuestro Señor.

> NO TENEMOS DERECHO ALGUNO DE JUZGAR A OTROS SOBRE ASUNTOS DE CONCIENCIA EN LOS QUE HAY LIBERTAD DE CONDUCTA O CREENCIA.

En segundo lugar, nuestra motivación debería ser guiar a otros y asegurarnos de que sean llevados por el camino de salvación. Los ancianos tienen una responsabilidad especial con el rebaño, como Pablo dijo a los ancianos de Éfeso:

> *"Por tanto, mirad por vosotros, y por todo el rebaño en que el Espíritu Santo os ha puesto por obispos, para apacentar la iglesia del Señor, la cual él ganó por su propia sangre. Porque yo sé que después de mi partida entrarán en medio de vosotros lobos rapaces, que no perdonarán al rebaño. Y de vosotros mismos se levantarán hombres que hablen cosas perversas para arrastrar tras sí a los discípulos. Por tanto, velad, acordándoos que por tres años, de noche y de día, no he cesado de amonestar con lágrimas a cada uno".* (Hch. 20:28–31)

Más adelante en este libro, incluiré el argumento de que la iglesia tiene en la actualidad maestros falsos de diversos tipos. La televisión ha concedido una gran presencia pública a algunos hombres y mujeres, y muchos de ellos tienen millones de seguidores. Algunos de estos maestros divulgan herejías que en últimas destruirán la fe de muchos. Si usted duda esto, dedique un tiempo a la lectura de Judas y 2 Pedro, epístolas que están llenas de advertencias acerca de los efectos de la doctrina falsa.

Así que, aunque no podemos juzgar los motivos de los demás, pidamos a Dios que juzgue nuestros propios motivos internos. Estemos seguros de que siempre juzguemos con gracia y misericordia. No nos deleitemos al descubrir que otros están en el error. Cada situación y cada persona deben tratarse de manera diferente. "A algunos que dudan, convencedlos. A otros salvad, arrebatándolos del fuego; y de otros tened misericordia con temor, aborreciendo aun la ropa contaminada por su carne". (Jud. 22-23)

Tratemos de limitar nuestros juicios a las palabras y acciones de otros y no condenemos sus motivos.

Asuntos bíblicos, no preferencias

Algunas cosas siempre serán correctas: siempre debemos amarnos unos a otros, siempre debemos aborrecer lo malo, siempre debemos hacer bien a todos los hombres. Por otra parte, algunas cosas siempre son incorrectas: siempre es incorrecto odiar, siempre es erróneo amar el mal o cometer adulterio. Ahora bien, ciertas cosas caen entre estas dos esferas definidas y separadas. Algunos asuntos se vuelven buenos o malos según el contexto, nuestros motivos y quién resulta afectado por lo que hagamos.

Cuando la controversia relacionada con el consumo de alimentos se convirtió en motivo de división dentro de la comunidad cristiana, Pablo introdujo algunos principios importantes para mantener la reconciliación.

El apóstol escribió que algunos cristianos pueden comer carne y otros solo vegetales, pero ambos grupos de creyentes deben aceptarse entre sí: "Recibid al débil en la fe, pero no para contender sobre *opiniones*" (Ro. 14:1, cursivas añadidas). Aquí "opiniones" también puede traducirse "asuntos discutibles". Luego añadió: "¿Tú quién eres, que juzgas al criado ajeno? Para su propio señor está en pie, o cae" (v. 4).

Este es el punto en cuestión: no tenemos derecho alguno de juzgar a otros sobre asuntos de conciencia en los que hay libertad de conducta o creencia. Algunas cosas pueden no ser permisibles para mí pero lo serán para usted, y viceversa. Quizás un cristiano siente libertad para beber vino pero esto violaría la conciencia de otro. También es posible que un cristiano que sienta libertad de hacerlo opte por no ejercerla porque sería una piedra de tropiezo para otro (un capítulo de este libro se dedica a este tema).

Al juzgar, deberíamos estar en capacidad de apuntar a un versículo de las Escrituras o un principio bíblico que respalde nuestras opiniones. En última instancia, nos interesa sacar a relucir lo que Dios ha revelado y no nuestras preferencias y convicciones personales. Esto significa que no siempre estaremos de acuerdo con otros cristianos en cuanto al lugar donde deban trazarse las líneas. Algunas veces nos parecerá casi imposible separarnos de nuestra cultura, trasfondo o temperamento, y así nos las arreglemos para hacerlo, descubriremos que como seres humanos siempre tendremos ciertas áreas de desacuerdo.

Sin embargo, no debemos permitir que esto nos impida la emisión de juicios bíblicos que se necesitan en una época en la que se envilece al discernimiento como enemigo del amor. Quizás no estemos de acuerdo en los detalles, pero es innegable que la Biblia tiene claridad suficiente para ayudarnos a permanecer dentro de los parámetros divinos ordenados. Tampoco debemos abstenernos del discernimiento aunque reconozcamos que solo Dios conoce todos los hechos.

Al pronunciar juicios debemos preguntar: ¿Qué verdad bíblica se niega aquí? ¿Qué verdad ha tratado de suplantarse? ¿Qué verdad ha sido ignorada? ¿Qué verdad está fuera del balance ordenado?

Juicios temporales, no eternos

Hemos aprendido que los fariseos no solo juzgaban sobre cosas erróneas, sino que actuaban como si tuvieran el derecho de hacer juicios finales. Lo cierto es que esa prerrogativa solo pertenece a Dios. Nosotros tenemos el poder para juzgar, pero no tenemos poder para condenar. Tenemos el derecho de advertir, mas no de castigar.

Volvamos a las palabras de Jesús. Él dijo: "No juzguéis, para que no seáis juzgados. Porque con el juicio con que juzgáis, seréis juzgados, y con la medida con que medís, os será medido" (Mt. 7:1-2). ¿Cuál es la conexión entre nuestros juicios y la manera en la que seremos juzgados? Jesús dijo que la medida que usemos en los demás será usada para medirnos.

Esta frase puede interpretarse de dos maneras. Puede significar que si usted juzga a otros, ellos le juzgarán conforme a sus propios criterios. En otras palabras, usted será tratado tal como trata a los demás. Hay algo de verdad en esto, porque todos sabemos que una persona que enjuicia con dureza es juzgada con más dureza por los demás. Si la persona enjuiciadora se equivoca, queremos estar seguros de que recibirá "lo que se merece". Cierto hombre que fue estricto en su condenación de un hermano que cayó en la inmoralidad, descubrió que él a su vez recibió muy poca misericordia tras cometer el mismo pecado. Si usted trata a esas personas como ellas tratan a los demás, verá cómo se quejan de ser tratados con demasiada injusticia.

Ahora bien, es probable que Jesús tuviera en mente otro significado. Muchos comentaristas creen que lo que quiso decir es que si usted juzga a otros con un criterio estricto, será juzgado de una manera más estricta por Dios. Tenemos ejemplos de esos juicios en el Nuevo Testamento. Pablo advirtió a los que eran irreverentes durante su participación en la comunión que deberían juzgarse a sí mismos en este asunto, a fin de que no fueran "condenados con el mundo" (1 Co. 11:32). Algunos que no se juzgaron a sí mismos, murieron bajo la mano disciplinaria de Dios.

Considere también estas palabras: "Por lo cual eres inexcusable, oh hombre, quienquiera que seas tú que juzgas; pues en lo que juzgas a otro, te condenas a ti mismo; porque tú que juzgas haces lo mismo" (Ro. 2:1). Tales personas demuestran por sus propios juicios que saben muy bien qué es lo correcto, pero como no se comportan a la altura de sus propios parámetros, se condenan a sí mismas. D. Martyn Lloyd-Jones pregunta: "¿Afirmo tener un conocimiento excepcional de las Escrituras? Si es así, seré juzgado en términos del conocimiento que afirmo tener. ¿Afirmo ser un siervo que en realidad conoce estas cosas? En ese caso no me sorprenderé si soy golpeado con muchas varas".[3] Añade también: "Si nos sentamos como autoridad para pronunciar juicio sobre los demás, no tenemos derecho alguno de quejarnos si somos juzgados conforme a ese mismo criterio. Es algo bastante justo e imparcial, y no tenemos argumento alguno para quejarnos".[4]

Los fariseos juzgaban a las personas por cuestiones externas y creían que tenían el derecho de condenar a otros a manera de un juicio final. Lo que es peor, juzgaban a otros por cosas que ellos mismos hacían. Los que se apresuran a juzgar serán juzgados por Dios de una manera todavía más estricta.

AL FIN DE CUENTAS

No sorprende que el tema de pronunciar juicios esté repleto de retos y complejidades. Por un lado somos los enjuiciadores que se apresuran a condenar sin demostrar mucha misericordia, y por otro lado somos "los que viven y dejan vivir", que actúan como si las cosas no le importaran mucho a Dios.

No todas las personas que tienen vigas en sus ojos se dedican a buscar pajas en los ojos de otras personas. Algunos que toleran sus propias "vigas" no tienen problema alguno para tolerar el "aserrín" y las vigas en los ojos de los demás. Para ser consecuentes, no se juzgan ni a sí mismos ni a los demás.

Cierto ministro predicó una serie de mensajes sobre el tema general de que no debemos juzgar a los demás por sus fallas y pecados. "Los cristianos disparan a los suyos mientras están heridos en el campo de batalla", dijo. Según él, nuestro deber consiste en entender que todos tenemos nuestros defectos y que más nos vale hacer hincapié en la gracia y no en el juicio, en el amor y no en las críticas. En efecto, lo que hizo fue acogerse al dicho popular: "¿Quién eres tú para juzgar?"

Resulta que él había mantenido una relación adúltera durante las semanas en que predicó esa serie de mensajes, y creyó que podría ser aceptado a pesar de su pecado si prometía desviar la mirada cada vez que se enterara del pecado de los demás. Lo que dijo en la práctica fue: "Mi viga se ve más pequeña en un lugar lleno de personas que tienen vigas de diversos tamaños y formas".

La capacidad de hacer juicios está en el corazón mismo de la vida cristiana. Si no somos capaces de juzgar sobre cuestiones como doctrina, estilos de vida y entretenimiento, y si no podemos distinguir entre apariencias externas y carácter interno, es posible que perdamos el propósito para el cual Dios nos puso en esta tierra. Tal vez terminemos por aceptar una piedra en lugar de pan y una serpiente en lugar de pescado.

No afirmamos ser perfectos. Tampoco nos arrogamos el derecho de hacer juicios finales. No pretendemos estar por encima de aquellos a quienes juzgamos. No obstante, sí afirmamos que tenemos el mandato de estudiar las Escrituras para encontrar la verdad acerca de dos preguntas simples: ¿Qué quiere Dios que creamos y cómo quiere que vivamos? Nosotros afirmamos que tenemos la responsabilidad de vivir conforme a estas verdades y animar a los demás a hacer lo mismo.

Como veremos, el discernimiento es lo que determina nuestro destino.

NOTAS

1. George Barna, "Practical Outcomes Replace Biblical Principles As the Moral Standard" [Los resultados prácticos reemplazan a los principios bíblicos como parámetro moral], Barna Research Online, 10 de septiembre de 2001. Disponible en la red global de computadoras: www. barna.org.
2. D. Martyn Lloyd-Jones, *Studies in the Sermon on the Mount* [Estudios sobre el sermón del monte] (Grand Rapids: Eerdmans, 1960), 2:178–79.
3. *Ibíd.*, p. 177.
4. *Ibíd.*, pp. 177–78.

3

CÓMO JUZGAR ACERCA DE DOCTRINAS

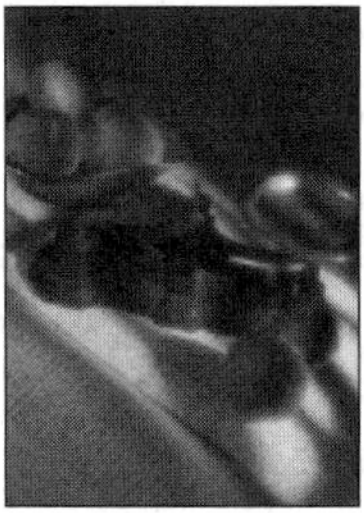

¿De verdad importa qué creemos?

"No me interesa saber qué cree usted, ¡solo me importa ver cómo vive!"

Esto es lo que un asistente a la iglesia dijo tan pronto le pregunté qué era el evangelio para él. Me dijo que no tenía mucha paciencia con los que discutían sobre puntos menores de la doctrina mientras el mundo padecía necesidades tan grandes. "La doctrina", dijo él, "se vuelve un estorbo para cosas más importantes como la integridad y la compasión".

Es cierto que con frecuencia se ha gastado demasiado tiempo en discusiones doctrinales, pero no puede haber tema más importante en todo el planeta tierra que la cuestión acerca de cómo entra uno al cielo. La respuesta que demos a esa pregunta determina nuestro destino eterno. Sí, por supuesto que uno puede ser una persona moral sin entender el evangelio, y con una definición ligera de bondad se puede afirmar que hay personas buenas en todas las religiones del mundo, pero lo que uno no puede hacer es entrar al cielo sin un entendimiento básico del evangelio. Por lo menos, esto es lo que enseña la Biblia.

COSAS QUE TIENEN BUENA APARIENCIA EN LA SUPERFICIE PUEDEN DE HECHO NO ESTAR ARRAIGADAS EN LA VERDAD.

Algunas iglesias han atraído grandes cantidades de miembros con su insistencia en la noción de "necesidades percibidas". Sus líderes están comprometidos a demostrar la relevancia del cristianismo para levantar una buena familia, llevarse bien con los compañeros de trabajo y tener éxito en los negocios. Ahora, como las personas no tienen la necesidad percibida o sentida de escuchar el evangelio, su mensaje muchas veces es relegado a un segundo lugar y solo se introduce con pericia y tacto en discusiones sobre otros temas más relevantes. Lo que olvidan estos ministros bien intencionados es que nuestra necesidad percibida más grande del momento que tendremos como pecadores al estar en la presencia de Dios, será la justicia de Cristo que nos cubrirá y guardará de la santidad y la justicia de Dios. Claro que también debemos procurar la satisfacción de todas las necesidades sentidas de la congregación, pero tenemos que ayudar a las personas a entender cuáles son sus verdaderas necesidades espirituales.

A decir verdad, no podemos ir al cielo sin las creencias correctas y tampoco podemos ordenar bien nuestra vida sin las creencias apropiadas. Lo que creamos acerca de Dios determinará lo que creemos acerca de nosotros mismos, determinará lo que creemos acerca de los demás así como lo que creemos en cuanto al propósito de nuestra existencia. El éxito en la actualidad no garantiza el éxito en el más allá. Es como resultado de creer en la doctrina errónea que las personas se perderán para siempre. La doctrina sana determina una fe sana y una fe sana nos guiará en esta vida y nos capacitará para la vida venidera. Existe una conexión directa entre creencia y conducta, entre doctrina y destino.

Por supuesto que la doctrina divide, ¡ese es su propósito! No obstante, también tiene otro propósito: unir al pueblo de Dios alrededor de una fe común. Debemos permanecer juntos en compañerismo cristiano y estar unidos en contra de las herejías que tratan de subvertir a la fe. El peligro viene si la doctrina divide a personas que deberían estar unidas.[1] Ahora, en lo tocante a la doctrina de la salvación, es mucho mejor estar divididos por la verdad que unidos por el error.

Esto nos lleva al tema del discernimiento espiritual. Ya hemos empleado la palabra, ¿pero qué significa? John MacArthur define el discernimiento como "la capacidad de distinguir la verdad del error", o con mayor precisión, "distinguir la verdad de las verdades a medias".[2] El error por lo general es fácil de detectar, pero al encontrarse con una mezcla de verdad y error se dificulta mucho su clasificación y definición.

Un hombre entró a una reunión para observar un "avivamiento de la risa" como se le llama, en el cual muchas personas estaban tiradas en el piso, y mientras unas se reían a gusto otras daban carcajadas como leones rugientes. El hombre preguntó en voz audible: "Me pregunto si esto en realidad es de Dios". Una mujer que estaba al lado respondió: "Pues bien, está pasando en una iglesia, ¿no es así?" Sin embargo, este es el tipo de cosas que sucede hoy día en la iglesia y que debería someterse con detenimiento a examen y evaluación meticulosos. Además, la iglesia es el lugar donde podemos esperar la aparición de milagros fabricados, creencias extrañas y herejías.

Una evaluación sobria de la historia eclesiástica revela que algunas cosas que tienen buena apariencia en la superficie pueden de hecho no estar arraigadas en la verdad. Ha habido sanidades falsas, avivamientos falsos y predicación falsa del evangelio. No nos sorprende lo que Pablo dijo: "Examinadlo todo; retened lo bueno. Absteneos de toda especie de mal" (1 Ts. 5:21-22). Hemos recibido el mandato de hacer nuestros mejores esfuerzos para distinguir lo verdadero de lo falso, y lo verdadero de lo verdadero a medias.

La proliferación de programas de opinión populares que se caracterizan por la vulgaridad y la degradación, ha contribuido a que lo inaudito se vuelva normal en nuestra cultura. Las conductas chocantes se engrandecen como si estuvieran al mismo nivel de lo moral, lo aceptable y lo decente. Homosexuales, travestís y prostitutas desfilan como reinas de belleza frente al público de la televisión nacional sin juicios morales y objetivos, excepto por supuesto, de la "derecha religiosa radical". Todos están de maravilla y ninguna conducta es mejor que cualquier otra. Es difícil exagerar en la denuncia del daño que esa clase de pensamiento ocasiona cada vez que hace borrosas ciertas distinciones importantes.

> LAS PALABRAS DEL FALSO PROFETA Y LOS OÍDOS DEL DE LAS PERSONAS QUE TIENEN COMEZÓN DE OÍR ESTÁN MUY BIEN SINCRONIZADOS.

Así como los programas de opinión hacen normal la conducta excéntrica y anómala, muchos profetas falsos y los que se llaman sanadores por fe han hecho normales ciertas doctrinas y experiencias extrañas. En la actualidad se expresan ideas de todo tipo sin reprensión alguna o el reconocimiento mínimo de que podrían ser falsas. Si Dios quiere sanar a una mujer por medio de sacudir su cabeza durante veinte minutos, ¿quiénes somos nosotros para juzgar? Cualquier revelación hablada es creída como procedente de Dios, sin importar que sea contraria a las Escrituras o absurda por completo.

Las Escrituras advierten en contra de los maestros falsos y sus doctrinas. "Porque vendrá tiempo cuando no sufrirán la sana doctrina, sino que teniendo comezón de oír, se amontonarán maestros conforme a sus propias concupiscencias" (2 Ti. 4:3). Los maestros falsos son motivados por sus deseos y su avaricia. Las personas quieren oír lo que le agrada y no quieren que su pecado sea expuesto, sino que solo tienen disposición para escuchar a los que están de acuerdo con sus propios deseos. Siempre que puedan se pondrán a sí mismos como su propio parámetro y buscarán a alguien que valide su aprobación de ellos mismos.

Sin sumisión rigurosa a la Palabra de Dios, el pueblo siempre desarrolla una teología que: (1) le permita justificar su acumulación de riqueza; (2) alimente su orgullo como portavoces especiales de Dios; y (3) suministre un contexto en el que se condena la inmoralidad. Así un profeta falso quede expuesto como un fraude, podrá continuar por esta simple razón: "Dios lo ha perdonado, ¿por qué no lo haremos nosotros?" En pocas palabras, no se permitirá todo aquello que tenga el propósito de impedir la enseñanza falsa, un estilo de vida dudoso y el hambre de poder.

¡No sorprende que el discernimiento escasee tanto! Hastiados de algunos de los excesos de los conflictos doctrinales del pasado y absorbidos en la pasión presente por la unidad a cualquier costo, hemos sucumbido al espíritu de la época. En nuestro temor de ser llamados faltos de amor, hemos permitido que se desarrolle un clima en el que toda opinión es tan válida como cualquier otra. Tenemos tanto temor de ser acusados de discriminación que hemos olvidado nuestro deber básico de discriminar sobre cuestiones fundamentales. Ahora se dice que el amor nos prohíbe levantarnos y decir: "Esto es falso". Por eso tenemos que aceptar con gentileza a cualquier persona que diga: "El Señor me dijo tal y tal cosa".

¿Recuerda la historia del caballo de Troya que fue dejado fuera de la ciudad? Los conquistadores sagaces fingieron una rendición y lo dejaron como un "regalo" para la ciudad, luego desaparecieron en una aparente retirada. Un sacerdote advirtió a los ciudadanos que no confiaran en el enemigo "así viniera con muchos obsequios".

Usted conoce el resto de la historia. Tras la introducción del caballo de madera en la ciudad, los soldados salieron de su interior y abrieron las puertas para dar entrada a la multitud de invasores. Hoy día el enemigo ya ha entrado por nuestras puertas.

CÓMO FLORECE LA HEREJÍA

Los maestros falsos que están en medio de nosotros no niegan de forma expresa y directa las enseñanzas de la Biblia, porque al hacerlo su audiencia disminuiría bastante. Lo que hacen es mucho más sencillo: ignoran los pasajes que no se ajustan a su agenda de unidad, prosperidad y revelación especial. Al proclamar la falta de unidad como el pecado más grande, se permite el florecimiento de todas las aberraciones doctrinales que pueda imaginarse. Si alguien manifiesta preocupación por la sana doctrina, es silenciado con rapidez y tildado de "cazador de herejías" y persona no grata. Las voces que tanto se necesitan son enmudecidas de forma sistemática.

¿Cómo son capaces los maestros falsos de engañar a tantos evangélicos para que apoyen su causa? Han adoptado principios de interpretación que les permiten tomar la Biblia y torcerla para producir cualquier cosa que se les antoje. En lugar de seguir principios sanos de interpretación, tuercen las Escrituras como Pedro advierte en 2 P. 3:16.

¿Cuáles son esos principios erróneos?

Prosperidad del Antiguo Testamento para creyentes del Nuevo Testamento

Muchos toman las promesas de bendición del Antiguo Testamento que fueron dadas a Israel y las aplican a la iglesia sin pensarlo dos veces. Es cierto que en el Antiguo Testamento había una conexión estrecha entre la obediencia del pueblo y la promesa de que la tierra produciría buenas cosechas y riqueza en abundancia. No obstante, esta conexión ya no existe en la actualidad por la simple razón de que en este tiempo Dios no obra con su pueblo en relación exclusiva con una nación geográfica. Él ha optado por apartar de entre todas las naciones del mundo a un pueblo que lleve su nombre, y ese cuerpo nuevo que ha formado se conoce como la iglesia. De este modo, en el Nuevo Testamento las promesas de bendición espiritual son dadas a aquellos que son fieles al Señor, pero el evangelio no incluye promesas de riqueza o salud. Todo lo contrario, nos garantiza pobreza, persecución y pruebas, tal como Cristo lo experimentó en la tierra.

Los predicadores de la salud y la riqueza pasan por alto estas distinciones importantes y dicen a sus seguidores que tienen el derecho de esperar toda clase de bendiciones materiales, en especial si envían una donación considerable al evangelista como "semilla de fe". De hecho, cierto evangelista afirmó que si las personas le enviaban por correo los extractos de sus tarjetas de crédito, ¡él las quemaría delante de Dios para que fueran libradas de las deudas! Tras esta afirmación sorprendente se dieron varios testimonios de personas que habían recibido cheques inesperados con sumas grandes que iban destinadas al pago de sus hipotecas y otras deudas de ese tipo. Según esas personas no es necesario tomar decisiones difíciles sobre el presupuesto ni cambiar el automóvil nuevo por uno usado porque Dios nos sacará de todas las deudas, si estamos dispuestos a enviar al evangelista nuestra "promesa de fe". Una de esas personas dijo: "Si usted planta la semilla, su cosecha ya está lista para ser recogida".

A cualquier persona que cuestione estas necedades se le dice: "¿Quién es usted para decir qué puede o no puede hacer Dios?" Por supuesto, la cuestión no es qué puede o no puede hacer Dios, sino determinar que esto sea lo que Él ha prometido en realidad, y saber si tenemos o no el derecho de insistir en que Él cumpla esa supuesta promesa.

Así, bajo el disfraz de unas cuantas porciones bíblicas como pretexto, pero sin principios sanos de interpretación, todos los deseos de riqueza y salud se encubren con las Escrituras. Las enseñanzas balanceadas del Nuevo Testamento son ignoradas para favorecer a los que tienen el síndrome de "Jesús quiere que seas rico". Por supuesto, esta enseñanza cuadra a perfección con las aspiraciones materialistas de un alto porcentaje de la población norteamericana. Las palabras del falso profeta y los oídos del de las personas que tienen comezón de oír están muy bien sincronizados.

En los primeros siglos los cristianos tenían discusiones acerca de si una persona rica podía siquiera salvarse. Los profetas contemporáneos no dan respuesta afirmativa y entusiasta a la pregunta, sino que afirman además que la voluntad de Dios es que todos sean ricos aquí en la tierra. De esta manera dan la espalda a la pobreza de Jesús, y se despiden de generaciones de fieles que "anduvieron de acá para allá cubiertos de pieles de ovejas y de cabras, pobres, angustiados, maltratados" (He. 11:37). Adiós a la fe de millones de cristianos que languidecen hoy en prisiones, incapaces de encontrar alimento para sus hijos hambrientos.

¡Bienvenidos al mundo de los profetas contemporáneos! Alguien ha dicho: "Las vacas nos dan leche, las ovejas nos dan lana, ¡y sobre todo tenemos a Dios para satisfacer todos nuestros antojos!"

Toda enfermedad y pobreza es del diablo

Un segundo principio de interpretación que abrió las puertas de par en par a la herejía fue este razonamiento: "Toda enfermedad y pobreza es del diablo". Según este argumento, como nosotros tenemos poder absoluto sobre el diablo, es obvio que podemos "reprender" toda situación de enfermedad y pobreza para así ser sanos y prósperos. Todo esto sin arrepentimiento, sin sufrimiento por causa de la justicia y sin la práctica de las disciplinas que conducen a una vida santa. Sí, ¡todo esto y el cielo también!

El hecho es que el Nuevo Testamento no nos permite suponer que toda enfermedad y pobreza sea del diablo, y aun en esos casos no contamos con seguridad absoluta de que podemos sobreponernos a esas aflicciones. Pablo tuvo un aguijón en la carne, un mensajero de Satanás que le abofeteaba (2 Co. 12:7). Sin embargo, al rogar al Señor sobre este asunto en tres ocasiones, Dios no optó por librarlo, sino que compensó la situación al concederle gracia para soportar la prueba (v. 9). Si usted estudia la vida de los apóstoles, encontrará que ninguno recibió riqueza y salud, a la mayoría de ellos se les dio persecución, tiempo en la cárcel y martirio.

Por supuesto que nuestra autoridad sobre Satanás no es absoluta. No tenemos autoridad para prohibirle que opere en Washington, D.C., como algunas personas han creído. Tampoco tenemos autoridad para prohibirle cumplir recados para Dios, como lo hizo por medio de las pruebas que Job recibió (Job 1:12; 2:6). Es cierto que si nos ponemos la armadura de Dios tenemos el poder para derrotarlo en nuestra vida y experiencia propias como creyentes individuales, pero aun en ese caso Dios utiliza al maligno para que nos ponga a prueba, nos tiente y de cualquier otro modo nos enseñe la necesidad que tenemos de permanecer unidos al Señor, quien nos redimió del reino de las tinieblas. En otro libro he escrito en profundidad sobre este tema.[3]

La continuación de la revelación

Después vino el golpe fulminante en contra de todos los controles relacionados con la doctrina. Con el florecimiento de lo que se denomina "movimiento de la fe" y gracias a algunos (aunque no todos) en el movimiento carismático, tenemos a millones de personas que creen que Dios habla de forma directa a los "profetas" de la actualidad. Por esa razón, concluyen que el estudio bíblico es un ejercicio innecesario. Los profetas que traen revelaciones frescas de Dios han venido a nuestras iglesias con mensajes llenos de grandes promesas y repletos de relevancia.

> LA VERDAD MEZCLADA CON EL ERROR ES MÁS LETAL QUE EL ERROR POR SÍ SOLO.

Varios años atrás, tuvo lugar algo que se llamó "la bendición de Toronto", en la cual participaron personas de todo Canadá, los Estados Unidos y Gran Bretaña, quienes asistían a una iglesia cercana al aeropuerto internacional de Toronto, y en ese lugar algunos daban ladridos como perros y eran "golpeados en el espíritu", mientras otros se retorcían en el suelo vencidos por la risa. Puesto que se han escrito varios libros acerca de este movimiento, no tengo la intención de evaluarlo en profundidad, pero debo citar las palabras de quienes conocen el movimiento "desde adentro hacia afuera".

Tres autores carismáticos que en términos generales simpatizan con las manifestaciones del Espíritu, han escrito acerca de las apreciaciones erróneas que tuvieron sobre lo que sucedió en Toronto. Uno de ellos, Peter Fenwick, escribió: "Mi temor más grande radica en el hecho de que la Biblia haya dejado de ocupar el lugar que tuvo antes en la comunidad evangélica. Es indudable que toda la controversia alrededor de la bendición de Toronto es en realidad una batalla definitiva sobre el valor y la importancia de la Biblia"[4]. Dijo además que la bendición de Toronto no habría podido comenzar si no fuera por la aceptación de prácticas no bíblicas.

Varios estudiosos serios de la Biblia han indicado que la "palabra de sabiduría" en el Nuevo Testamento (1 Co. 12:8) no se refiere a algún tipo de clarividencia, es decir, la capacidad que un evangelista pueda tener para presentir diversas enfermedades entre los asistentes a sus campañas. Por supuesto, esta advertencia cayó en oídos sordos y en la mayoría de los casos no se prestó mayor importancia a lo que dijeran o hicieran los líderes del movimiento. No importaba mucho si sus prácticas eran extrañas o su doctrina inédita y desconectada de la tradición hermenéutica. Los líderes respondieron a las críticas con esta actitud generalizada: "¿Quiénes son ustedes para cuestionar lo que Dios hace con nosotros?"

A las personas que preguntaron por qué sucedían ciertas cosas que no se encontraban en la Biblia, los líderes respondieron con el versículo: "He aquí que yo hago cosa nueva" (Is. 43:19). Por supuesto, desconocen el hecho de que en el contexto bíblico esta "cosa nueva" es que Dios hará regresar a los judíos del exilio, los volverá a instalar en su tierra prometida y establecerá el reino futuro del Mesías. Este versículo ha sido sacado de contexto y se ha utilizado para justificar casi cualquier cosa en el campo espiritual. Puesto que ahora cualquier manifestación del Espíritu podría describirse como una "cosa nueva", los cristianos quedaron indefensos en contra del error doctrinal.

Hoy día se reciben "revelaciones nuevas" tan pronto el "profeta" dice "el Espíritu de Dios me habló y dijo...". En casi todos los casos esta frase introductoria se completa con toda clase de necedades y herejía. La noción de que Jesús mismo tomó la naturaleza de Satanás, o la idea de que Jesús volvió a nacer en el infierno, o la herejía de que todos nosotros somos tan divinos como Jesús, al igual que cientos de otras ideas absurdas han sido reveladas a uno o más de los que se arrogan el título de profetas.5 Millones de personas creen lo que ellos dicen.

Un tiempo atrás recibí una carta de un amigo en la que dijo que yo hice un comentario en la radio que le inquietó en lo más profundo. Al leer su carta supe que no fui yo quien había hecho esa declaración porque yo estaba en desacuerdo con ella. No obstante, como él insistió en esto yo encontré la grabación del mensaje radial para cerciorarme. Sentí alivio al descubrir que yo tenía la razón porque ese comentario que me habían atribuido no era mío.

Mi amigo había hecho una inferencia basado en una parte de mi mensaje, y esta inferencia trastornaba por completo mi postura sobre el tema. Mi punto es este: Si no me gusta que las personas pongan palabras en mi boca, ¡cuánto más serio debe ser para los que ponen palabras en la boca de Dios!

Por supuesto que Dios nos habla todavía en la actualidad, si con ello nos referimos a la manera como Él revela el pecado en nuestro corazón e ilumina nuestra mente con respecto a la obra de Cristo a favor nuestro. Sin duda alguna, Dios también puede conceder "actos de providencia" especiales para preparar a las personas para recibir el evangelio. Algunos musulmanes que se han convertido al cristianismo nos cuentan que tuvieron sueños o visiones de Jesús antes de haber escuchado el evangelio. En ciertas ocasiones Dios dirige nuestros pensamientos por medio de la oración y la meditación, o también podemos recibir ciertas impresiones que nos orientan en la vida cristiana. No obstante, debido a que para nosotros es difícil distinguir nuestros pensamientos de los de Dios, es mucho mejor decir: "Creo que el Señor me está mostrando esto...", o "se me ocurrió que..." Esto es muy diferente a decir que Dios da profecías, clarividencia o doctrinas nuevas. No nos atrevamos a poner nuestros pensamientos subjetivos a la par de las Escrituras canónicas.

Puesto que ningún movimiento en la historia de la iglesia ha sido malo o bueno en el sentido absoluto de la palabra, sobra decir que algunas personas sí se han beneficiado de la bendición de Toronto y de las enseñanzas del movimiento de la fe. Algunos han renovado su amor por Cristo y otros han sido animados en su andar con Dios, pero todos los movimientos que no se someten a controles bíblicos serios tarde o temprano conducen al error porque utilizan las Escrituras a diestra y siniestra para justificar sus creencias absurdas.

Recorra los canales que recibe su televisor y encontrará a muchos evangelistas que están convencidos de que cuanto más extraño suene algo, podemos estar más seguros de que proviene de Dios. Encontrará promesas extravagantes de sanidad y prosperidad, señales y prodigios como la risa incontrolable y testimonios de dientes con calzas de oro. Oirá historias sobre grandes cantidades de dinero que salen de la nada para "bendecir" a los que envíen un donativo, y para confundir todavía más las cosas, en medio de todo esto se proclamarán de vez en cuando unas cuantas frases útiles de la verdad bíblica.

Quiero decir con la mayor claridad posible que si queremos encontrar a Satanás en Norteamérica debemos comenzar a buscar detrás de los púlpitos. Es en la iglesia y no en el mundo que Satanás realiza su mayor obra de engaño. La verdad mezclada con el error es más letal que el error por sí solo.

HEREJÍAS RECICLADAS

Las herejías de diverso tipo no son una novedad. Durante la reforma hubo un profeta llamado Tomás Munster, quien creía que la Biblia era demasiado difícil de interpretar y necesitaba la intervención de un intérprete bíblico, el cual no era la iglesia, sino el testimonio interno del Espíritu. Este hombre declaró que la Biblia solo era papel y tinta, y la menospreciaba con frases irreverentes como "¡Tibia, Biblia, birla!" [en inglés, *"Bible, Babel, bubble!"*].[6] Manipuló las mismas porciones bíblicas de los profetas que se proclaman a sí mismos en la actualidad, y justificó su postura doctrinal con esta frase: "la letra mata, mas el espíritu vivifica" (2 Co. 3:6). Lutero le contestó y dijo que sí, por supuesto que la letra sin el espíritu está muerta, pero las dos no deben estar más separadas que el alma del cuerpo. Lutero dijo que él necesitaba una palabra segura de Dios y no las experiencias fantásticas de un profeta de tiempos modernos.

En cuanto a los sueños, las visiones y las revelaciones de Munster, Lutero aludió a la representación bíblica del Espíritu Santo como una paloma y dijo que no prestaría atención a Munster así "se hubiera tragado entero al Espíritu Santo, con plumas y todo".[7] Munster se convirtió en padre de todos los que creen que una supuesta infusión del Espíritu supera cualquier autoridad que tengan las Escrituras.

Si hacemos una interpretación correcta de la Biblia, ella no nos permite torcer sus enseñanzas para que se ajusten a nuestros deseos. Si la interpretamos con justicia, no nos permitirá creer cualquier cosa. Como dice Jay Adams, la Biblia opera en lo que podría llamarse "enseñanza por antítesis".

> En la Biblia, donde la antítesis es tan importante, el discernimiento resulta esencial si se define como la capacidad para distinguir entre los pensamientos y los caminos de Dios por un lado y todo lo demás por el otro. Por esa razón Dios dice que "el sabio de corazón es llamado prudente" (Pr. 16:21).
>
> Desde el huerto de Edén con sus dos árboles (uno permitido, el otro prohibido) hasta el destino eterno del ser humano en el cielo o en el infierno, la Biblia establece dos, y solo dos caminos: el camino de Dios y todos los demás. Con arreglo a esto se puede afirmar que las personas se salven o se pierdan, que pertenezcan al pueblo de Dios o al mundo. Por un lado existió Gerizim, el monte de la bendición, y por el otro Ebal o monte de la maldición. Hay un sendero angosto y un camino ancho, el primero conduce a la vida eterna y el segundo a la destrucción. Hay unos que están en contra y otros a favor de nosotros, tanto por dentro como por fuera. Hay vida y hay muerte, verdad y falsedad, bondad y maldad, luz y tinieblas, el reino de

Dios y el reino de Satanás, amor y odio, sabiduría espiritual y sabiduría del mundo. Se dice que Cristo es el camino, la verdad y la vida, y nadie puede acercarse al Padre sino es por Él. Su nombre es el único bajo el cielo por el cual puede salvarse cualquier persona.[8]

UNIDAD Y FALTA DE UNIDAD

Ahora bien, ¿dónde trazamos la línea? ¿En qué momento sabemos si vale la pena luchar por una doctrina? Es seguro que coincidimos en que todas las diferencias en nuestro entendimiento de la profecía no tienen por qué llamarse "herejía". Por ejemplo, a mí me criaron con la enseñanza de que la iglesia será raptada antes del período de tribulación, pero muchos de mis amigos que creen con tanta profundidad como yo en la Palabra de Dios, están convencidos de que la iglesia pasará por la tribulación (aunque estoy seguro de que ellos abrigan la esperanza secreta de equivocarse al respecto).

El problema que nos compete resolver es el equilibrio. Por un lado, algunos de nosotros trazamos un círculo doctrinal bastante estrecho y esto ocasiona rupturas frecuentes en el compañerismo espiritual con cualquier persona que no coincida con exactitud en todas sus opiniones. Algunos insisten en que todos usemos las traducciones más antiguas de la Biblia, otros creen que solo quienes se acogen a alguna forma de teología de la "bendición adicional" son en realidad llenos del Espíritu Santo. No es incorrecto tener convicciones de ese estilo mientras se entienda que no son cuestiones fundamentales y que no deben romper el compañerismo fraternal. Yo sostengo muchas de las convicciones propias de lo que se conoce como calvinismo, con su insistencia en la soberanía y la predestinación de Dios. Otros se identifican más con el arminianismo y su hincapié en el libre albedrío, pero estas convicciones no deberían ser motivo de divisiones y tampoco se definen como herejías.

¿Qué decir acerca de una cuestión como el bautismo? Estoy convencido de que la Biblia enseña el bautismo del creyente, es decir, el bautismo de aquellos que pueden dar testimonio consciente de su fe en Cristo. También creo que la forma adecuada de bautismo es la inmersión en agua, pero si alguien cree en la aspersión en la frente o la rociadura de agua en la cabeza, esas diferencias por importantes que sean tampoco deberían ocasionar mayores divisiones.

¿Qué debe decirse acerca del bautismo de infantes? Algunos lo interpretan como una señal del pacto que demuestra la inclusión del recién nacido en la esfera de la bendición de salvación de Dios. No estoy seguro si entiendo con exactitud lo que esto significa, ¿acaso es una señal de que el niño se salvará algún día en el futuro o es una señal de que los padres prometen criar al infante para que crea en Cristo? De todas maneras, puedo respetar su punto de vista.

Por otro lado, existen muchos que enseñan que el bautismo es en realidad el medio de salvación. Las liturgias de las iglesias católica y luterana enseñan que el bautismo efectúa la regeneración espiritual. Según ellos, si un bebé nace enfermizo, un sacerdote o ministro debe llegar de inmediato al lugar de nacimiento para efectuar un bautismo antes de la muerte. En casos extremos, la madre misma puede realizar el bautismo o un miembro del equipo médico del hospital. Aunque tanto católicos como luteranos creen que el bautismo debe actualizarse por medio de la confirmación, ambos sostienen que la salvación inicial de un niño sucede como resultado de este ritual. Para algunos de nosotros esta es una desviación seria de la enseñanza bíblica.

Otros se acogen a variaciones de estos puntos de vista. Algunos creen que la fe en Cristo es necesaria para la salvación, pero que esa fe carece de valor aparte del bautismo. De hecho, la Iglesia de Cristo en Boston no solo enseña que uno debe bautizarse para ser salvo, sino que solo el bautismo de su iglesia cuenta para la salvación.[9] Uno de los miembros de esta iglesia me dijo que aunque yo había sido bautizado, iría al infierno por no haber sido bautizado por ellos. En vista de tales interpretaciones del bautismo, vale la pena luchar por un entendimiento adecuado de la doctrina del bautismo.

NO TENEMOS QUE DECIDIR POR NUESTRA PROPIA CUENTA EN QUÉ LUGAR DEBE TRAZARSE LA LÍNEA ENTRE LA VERDAD Y EL ERROR.

¿Qué es herejía?

La Biblia emplea la palabra herejía y hereje en dos sentidos. Pablo se refirió a las divisiones dentro de la iglesia en términos de facciones que se oponían entre sí con base en ciertas "disensiones", y la traducción literal de esta palabra es "herejías" (vea 1 Co. 11:19). Algunas de estas divisiones son entre creyentes, y al definirse de este modo un creyente carnal que rehúsa aceptar la verdad revelada puede llamarse hereje. Yo creo que fue en este sentido que Pablo usó la palabra en Gálatas 5:19-20, al decir que las disensiones y las herejías son obras de la carne. En otro lugar el apóstol habló sobre los herejes como aquellos que causan divisiones, y dijo que eran pervertidos y condenados por sus propias acciones (Tit. 3:10-11).

El segundo uso de la palabra se refiere a aquellos que se aferran a desviaciones doctrinales graves. Pedro habla acerca de "herejías destructoras" que niegan a Jesús como Señor (2 P. 2:1). Se trata de maestros que niegan las doctrinas básicas de la fe, y en este sentido se emplea la palabra con más frecuencia en la actualidad. Robert Bowman en su libro "Ortodoxia y herejía", define la herejía como "una enseñanza que se opone de forma directa a los puntos esenciales de la fe cristiana, de tal modo que los cristianos verdaderos se ven en la obligación de dividirse con respecto a aquellos que la acojan".[10]

¿Se pueden convertir en herejes los cristianos? De acuerdo con la primera definición muchos de ellos pueden ser llamados herejes, y en varias ocasiones los cristianos han mantenido ideas herejes debido a situaciones de ignorancia o de rebelión personal. En contados casos algunos que han profesado la fe evangélica se han apartado para destruir la fe que antes tuvieron, bien sea con su estilo de vida o mediante la defensa de mitos y tradiciones que menoscaban la fe que afirmaron tener antes. Sí, ellos también son herejes.

CÓMO VOLVER A LOS PRINCIPIOS BÁSICOS

Para "hacer teología", como dicen algunos, debemos hacer uso del pensamiento antitético. Esto significa que si afirmamos una doctrina también debemos negar su opuesto. Este razonamiento es la base de toda racionalidad y constituye una función necesaria de la mente humana. Además, este razonamiento es compatible con las enseñanzas de la Biblia.

Por ejemplo, tomemos la siguiente declaración: "La Biblia es la única Palabra de Dios para nosotros". Si esto es verdad quedan excluidas todas las demás fuentes y autoridades de revelación. Excluye las tradiciones del catolicismo romano como medios de revelación, excluye el libro de mormón, el Corán y los vedas. También excluye los escritos de Mary Ellen White la fundadora del adventismo y los de Mary Baker Eddy, la fundadora del cristianismo científico.

Aquellos que creemos que la Biblia es el único recurso de revelación de Dios no esperamos que alguna revelación adicional salga de labios de guías espirituales, profetas, evangelistas y predicadores de avivamientos. Nadie podrá jamás afirmar que Dios ha revelado algo nuevo acerca del Espíritu Santo o de Cristo, o algo nuevo acerca de la profecía. Por supuesto, nosotros creemos que pueden existir mejores maneras de explicar lo que Dios ha revelado. Podríamos tener un entendimiento mucho más profundo de la Biblia, pero el hecho es que esa profundidad se limita a las palabras de Dios en las páginas de las Escrituras. Si alguien dice "el Señor me dijo", puede parecernos interesante su afirmación y en ciertos casos la persona puede estar en lo correcto sobre la impresión que ha recibido, pero no recibimos esta "revelación" como la Palabra inerrante de Dios.

Tan pronto aceptamos la Biblia como la única base para toda doctrina, aprendemos que la Biblia misma nos ayuda a definir cuáles doctrinas no son negociables. No tenemos que decidir por nuestra propia cuenta en qué lugar debe trazarse la línea entre la verdad y el error. A través de todo el Nuevo Testamento somos confrontados con la importancia fundamental de la doctrina de la salvación y el conjunto de doctrinas que la respaldan. Esto tiene sentido si usted reconoce que la pregunta más importante que podría jamás responderse es cómo podemos estar seguros de que pasaremos la eternidad con Dios.

Pablo advirtió a los creyentes en Galacia que algunos en medio de ellos trataban de pervertir el evangelio de Cristo. Luego añadió: "Mas si aun nosotros, o un ángel del cielo, os anunciare otro evangelio diferente del que os hemos anunciado, sea anatema. Como antes hemos dicho, también ahora lo repito: Si alguno os predica diferente evangelio del que habéis recibido, sea anatema" (Gá. 1:8-9).

¡Trate de imaginarlo! Un ángel viene y nos dice que el camino al cielo consiste en ser personas amorosas y decentes. Quizás le sorprendería la cantidad de personas que estarían dispuestas a creer tal revelación. Prueba de esto es que el libro de mormón fue revelado por un "ángel" que dio la revelación de un evangelio por completo diferente a José Smith, y millones de personas han creído ese mensaje. Han ocurrido apariciones de María con un evangelio diferente y se han construido santuarios en honor de su aparición en varios lugares del mundo. De hecho, ha habido supuestas revelaciones de Jesús con un evangelio diferente pero la respuesta de Pablo sería la misma: "sea anatema".

Pablo reprendió de este modo a Pedro mismo tan solo por haber dado una impresión equivocada del evangelio. Esto es lo que sucedió: Pedro se abstuvo de comer con los gentiles tan pronto aparecieron en escena los judaizantes, y así dio la impresión de que estaba de acuerdo con estos maestros que sostenían la noción de que la salvación se obtiene a través de Cristo además del cumplimiento de la ley. Por lo que sabemos, Pedro nunca dijo una palabra sobre el contenido del evangelio, tan solo rehusó comer con los que creían que el evangelio era un regalo gratuito de Dios que se recibe por la fe.

¡Pablo estaba furioso! El simple hecho de que Pedro diera la impresión de que los judaizantes tuvieran la razón fue razón suficiente para que el apóstol le confrontara en público.

> *Pero cuando Pedro vino a Antioquía, le resistí cara a cara, porque era de condenar... Pero cuando vi que no andaban rectamente conforme a la verdad del evangelio, dije a Pedro delante de todos: Si tú, siendo judío, vives como los gentiles y no como judío, ¿por qué obligas a los gentiles a judaizar.* (Gá. 2:11, 14)

Después Pablo procedió a afirmar que somos justificados por medio de la fe en Cristo y no las obras de la ley (v. 16). No se equivoque al respecto: "La claridad del evangelio es la única doctrina por la cual deberíamos estar dispuestos a ofrendar nuestra vida".

¿Qué es el evangelio? ¿Acaso es solo "creer en Jesús"? no, porque como veremos en el capítulo siguiente, existen muchas sectas falsas que también "creen en Jesús". Todo el conjunto de doctrinas que forman parte de la doctrina de salvación deben mantenerse unidas como parte del gran esquema divino.

Para ilustrar la manera correcta de "hacer teología", haré una presentación de las doctrinas básicas del evangelio pero también mostraré lo que se niega y lo que se afirma. En este proceso eliminamos casi todas las herejías antiguas y modernas. Los teólogos del pasado fueron sabios en su utilización de afirmaciones y negaciones como método para aclarar las creencias acerca de la verdad. Veamos cómo puede aplicarse este método.

PROPOSICIONES DEL EVANGELIO

Aquí menciono las proposiciones básicas de la fe evangélica para mostrar qué incluyen y qué excluyen.

1. *Nosotros afirmamos que Dios es santo.* Esto significa que Dios es apartado, distinto, puro y "por completo otro", es decir, distinto y apartado por completo de sus criaturas.

¿Por qué es esta una parte importante del evangelio? Porque si Dios no fuera santo, podría recibir a los pecadores sin un sacrificio. Muchos libros populares sobre el tema de la espiritualidad hablan como si el ser humano pudiera acercarse a Dios de cualquier forma. El Dios que se presenta allí no se diferencia mucho de nosotros, quizás sea un poco más poderoso pero no santo de manera exclusiva. En consecuencia, no es necesario temer en su presencia y no se necesita expiación alguna. Esa clase de dios no es el Dios de la Biblia.

NUESTRA PECAMINOSIDAD IMPIDE CUALQUIER CONTACTO CON DIOS EN NUESTRA PROPIA INICIATIVA.

El dios de la religión civil tampoco es el Dios de la Biblia. Tras el ataque terrorista del 11 de septiembre, avisos con el mensaje "Dios bendiga a América" se colocaron a lo largo y ancho de los Estados Unidos. Muchos cristianos se alegraron de que "Dios volviera" a ocupar su lugar merecido en la vida norteamericana. Yo no quedé muy convencido. Alguien me dijo que dos establecimientos en los que se venden materiales pornográficos en Nashville colocaron en la vitrina el mismo aviso, pero es evidente que se trata de una referencia a un dios diferente, el dios del hedonismo moderno y no el Dios quien dijo: "seréis santos, porque yo soy santo" (Lv. 11:44-45).

También negamos que el Dios de la Biblia sea el mismo que Alá, o los dioses del budismo, el hinduismo y demás religiones. Negamos que sea posible llegar a Dios sin aceptar su propia justicia perfecta tal como se encuentra en Cristo y es aplicada a nosotros (vea el siguiente punto).

2. *Afirmamos que Jesús es Dios en la carne.* Escuche la advertencia de Juan, el apóstol del amor.

> *Amados, no creáis a todo espíritu, sino probad los espíritus si son de Dios; porque muchos falsos profetas han salido por el mundo. En esto conoced el Espíritu de Dios: Todo espíritu que confiesa que Jesucristo ha venido en carne, es de Dios; y todo espíritu que no confiesa que Jesucristo ha venido en carne, no es de Dios; y este es el espíritu del anticristo, el cual vosotros habéis oído que viene, y que ahora ya está en el mundo. (1 Jn. 4:1-3)*

Otros pasajes que afirman la deidad de Cristo se encuentran en muchos lugares, vea por ejemplo Jn. 1:1 y He. 1:8.

Negar la deidad y la encarnación de Cristo es evidencia patente de herejía. Sin embargo, la afirmación de estas doctrinas no es una prueba necesaria de su ortodoxia. Algunos que creen estas doctrinas enseñan la salvación por obras o añaden su propia justicia a la obra de Cristo. Por lo tanto, para afirmar la deidad de Cristo y su encarnación, debemos excluir todas las doctrinas populares que contradigan esto.

Nosotros negamos que Jesús de Nazaret pueda separarse de Cristo y negamos que exista un Cristo gnóstico o universal que se puede encontrar en todas las religiones del mundo. También negamos la doctrina de los testigos de Jehová que enseñan que

Cristo es un ser creado. Debemos rechazar las enseñanzas del seminario de Jesús que afirma que Cristo solo es un ser humano.

Como usted lo sabe, estas doctrinas bíblicas nos ponen en conflicto directo con el islamismo, el cual enseña que la encarnación es blasfemia. Al establecer diálogo con los musulmanes, debemos recordar que su aversión hacia la encarnación se basa en la noción errónea de que el cristianismo sostiene una trinidad física. Por eso para un musulmán la afirmación de Jesús como el Hijo de Dios significa que el Padre tuvo que haber sostenido relaciones sexuales con María y el resultado fue "el hijo de Dios". Por tanto, debemos señalar que creemos en una trinidad espiritual y no física.

3. *Nosotros afirmamos la expiación por sustitución.* Pedro escribió: "Cristo padeció una sola vez por los pecados, el justo por los injustos, para llevarnos a Dios" (1 P. 3:18). Esto significa que Cristo sufrió por nosotros en la cruz para convertirse en la persona que llevo sobre sí el peso de todos nuestros pecados. Él recibió el castigo que nosotros merecemos y pagó la deuda de aquellos que aprovecharan su sacrificio.

Negamos que Dios pueda salvarnos a causa de su amor pero aparte del sacrificio de Cristo. También negamos que existan otros mediadores entre nosotros y Dios, sean vivos, muertos, santos o ángeles. También negamos que Mahoma, Krisna o cualquier otro guía espiritual, maestro o profeta esté calificado para morir en nuestro lugar y de esa manera llevarnos a Dios.

4. *Nosotros afirmamos que somos pecadores por naturaleza y por elección voluntaria.* Pablo escribió: "estabais muertos en vuestros delitos y pecado" (Ef. 2:1). Nuestra pecaminosidad impide cualquier contacto con Dios en nuestra propia iniciativa. Todas nuestras buenas obras, aunque son buenas en sí mismas, de todas maneras

están manchadas de pecado. Somos incapaces de hacer contribución alguna a nuestra salvación.

Negamos todas las formas de salvación por obras que se encuentran en el catolicismo o en religiones no cristianas. Negamos la posibilidad de perfeccionamiento automático de la naturaleza humana y la creencia de que Dios esté en la obligación de salvarnos a causa de nuestra bondad inherente.

5. *Afirmamos que el único medio para recibir la salvación es la fe.* "Concluimos, pues, que el hombre es justificado por fe sin las obras de la ley" (Ro. 8:28). En consecuencia, la salvación debe ser un don gratuito porque carecemos en absoluto de la justicia y la rectitud que tanto necesitamos. Esa es la razón por la que somos salvos al aceptar a Cristo como el único que pagó la deuda de nuestro pecado.

Negamos que la salvación pueda ser mediada por sacramentos como el bautismo, la comunión y otros semejantes. Negamos que el don de la salvación llegue a ser nuestro por medio de un proceso de cooperación entre nosotros y Dios.

6. *Afirmamos que la seguridad de salvación viene como resultado de descansar en la suficiencia de la obra de Cristo a favor nuestro.*

> *Y este es el testimonio: que Dios nos ha dado vida eterna; y esta vida está en su Hijo. El que tiene al Hijo, tiene la vida; el que no tiene al Hijo de Dios no tiene la vida. Estas cosas os he escrito a vosotros que creéis en el nombre del Hijo de Dios, para que sepáis que tenéis vida eterna. (1 Jn. 5:11-13)*

Negamos que la seguridad de salvación esté basada en nuestras obras, aunque estas obras son evidencia de la fe que salva. Negamos que podamos tener seguridad a través de cualquier ritual de la iglesia o nuestra propia sinceridad y buenas obras. Si creemos que cuando Jesús murió y resucitó hizo todo lo necesario para que seamos recibidos en la presencia de un Dios santo, y si acogemos para nosotros lo que Él hizo a favor nuestro, seremos salvos y lo sabremos.

REFLEXIÓN FINAL

¿Cómo sabe usted si un hombre postmoderno se convierte en realidad a Cristo? No cuando dice que cree en Jesús, ya que aun los demonios creen y tiemblan. Tampoco al decir que ha aceptado a Cristo como su Salvador, porque muchos creen que lo han hecho por medio de los sacramentos o de sus propios esfuerzos.

Sabemos que un hombre entiende el evangelio cuando: 1) admite que es un pecador y no puede contribuir en absoluto a su propia salvación; 2) afirma que ha aceptado a Cristo porque Él solo tiene la única justicia que Dios acepta; y 3) afirma que sabe que Cristo es, por lo tanto, el único camino al Padre.

Se cuenta la historia de un niño pequeño que estaba perdido en una ciudad grande. El policía le preguntó dónde vivía y el niño no le pudo contestar. Lo único que sabía era su nombre, pero además dijo que si lo llevaban a su iglesia encontraría el camino de regreso a casa. Por supuesto, las personas le preguntaron: "¿Pero cuál iglesia?" El niño respondió: "¡La que tiene una cruz grande al frente!" En seguida añadió: "Solo llévenme a la cruz y encontraré el camino a casa".

Los cristianos que tienen discernimiento someterán a prueba a maestros, profetas y evangelistas conforme a la claridad con la que prediquen el evangelio de la cruz de Cristo, y si el evangelio es distorsionado o ignorado, podemos estar seguros de que encontrarán a un maestro que no será seguido. Lo cierto es que solo la cruz, entendida de forma adecuada, puede llevarnos a nuestro hogar celestial con el Padre.

En una era de confusión debemos luchar sin temor por los principios básicos.

NOTAS

1. Robert Bowman Jr., *Orthodoxy and Heresy: A Biblical Guide to Doctrinal Discernment* [Ortodoxia y herejía: Una guía bíblica al discernimiento doctrinal] (Grand Rapids: Baker, 1992), p. 17.
2. John F. MacArthur Jr., "Discernment—Spiritual Survival for a Church in Crisis" [Discernimiento: Supervivencia espiritual para una iglesia en crisis], serie de grabaciones de audio (s.f.).
3. Erwin W. Lutzer, *The Serpent of Paradise: The Incredible Story of How Satan's Rebellion Serves God's Purposes* [La serpiente del paraíso: La historia increíble de cómo la rebelión de Satanás cumple los propósitos de Dios] (Chicago: Moody, 1996).
4. Clifford Hill, Peter Fenwick, David Forbes, y David Noakes, *Blessing the Church?* [¿Para bendición de la iglesia?] (Guildford, Surrey [Reino Unido]: Eagle, 1995), pp. 40–41.
5. Hank Hanegraaff, *Christianity in Crisis* [Cristianismo en crisis] (Eugene, Oregon.: Harvest, 1993). Esta es una exposición excelente de las enseñanzas y herejías de lo que se denomina el movimiento de la fe. Es lectura debida para los que sean serios con el discernimiento en esta era de revelaciones, profecías, milagros y necedades.
6. Rolland Bainton, *Here I Stand: A Life of Martin Luther* [Aquí me mantengo firme: La vida de Martín Lutero] (Nueva York y Toronto: Mentor, 1950), p. 203.
7. *Ibíd.*
8. Jay Adams, *A Call to Discernment* [Un llamado al discernimiento] (Eugene, Oregon: Harvest House, 1987), p. 31; citado por John F. MacArthur en el libro *Reckless Faith: When the Church Loses Its Will to Discern* [Fe irresponsable: cuando la iglesia pierde su voluntad para discernir] (Wheaton, Illinois: Crossway, 1994), pp. 49–50.
9. Russ Wise, "The Boston Church" [La iglesia de Boston] en la página informática www.probe.org/docs/boston.html; véase también www.reveal.org/abouticc/crossroadsera.html.
10. Bowman, *Orthodoxy and Heresy* [Ortodoxia y herejía], p. 50.

4

AL JUZGAR A LOS PROFETAS FALSOS

¿Cómo podemos reconocerlos?

"Guardaos de los falsos profetas".

Con esa declaración Jesús afirma dos verdades: primero que sí hay falsos profetas y segundo, que son peligrosos. Como las personas se han acostumbrado cada vez más a escuchar los mensajes de ciertos predicadores que les dicen todo lo que quieren escuchar, no debería sorprendernos que los profetas falsos estén en todas partes. Muchos de ellos son seguidos por grandes multitudes y sus estilos de vida son sostenidos por cristianos dedicados.

Nos han dicho que no es nuestro deber investigar los milagros, las profecías o las enseñanzas porque esto divide al cuerpo de Cristo. Algunos advierten que no deberíamos tocar al "ungido del Señor" para evitar que caigamos bajo el juicio de Dios. No obstante, debemos tener en cuenta que esta advertencia se refiere a la protección de los siervos de Dios del daño físico y no tiene que ver con la identificación de maestros falsos y sus doctrinas (vea 1 Cr. 16:22; Sal. 105:15). Nuestra intención en este capítulo no es hacer daño a los siervos del Señor, sino más bien exponer a los que quieren desviar al pueblo de Dios. No nos dejamos intimidar por los evangelistas de la televisión que pronuncian maldiciones sobre aquellos que quieran sacar a la luz pública sus prácticas y sus enseñanzas no bíblicas. Hay lobos que devoran en este mismo instante a miles de ovejas, y tenemos el deber de sonar la alarma.

Hemos subestimado la capacidad de los mensajeros de Satanás para establecerse en medio de nosotros como los ministros del Señor. Debemos volver a leer lo que dicen las Escrituras acerca de los profetas que hablan sobre sus propios engaños en lugar de las palabras de Dios.

DOS CLASES DE PROFETAS FALSOS

La primera clase de profetas falsos es la de aquellos que hacen predicciones fallidas. Estos afirman tener cierto conocimiento especial y anuncian cosas que no suceden. Moisés los describe en los siguientes términos:

> *Y si dijeres en tu corazón: ¿Cómo conoceremos la palabra que Jehová no ha hablado?; si el profeta hablare en nombre de Jehová, y no se cumpliere lo que dijo, ni aconteciere, es palabra que Jehová no ha hablado; con presunción la habló el tal profeta; no tengas temor de él.* (Dt. 18:21-22)

Por cuanto Dios tiene un conocimiento infalible del futuro, podemos estar seguros de que quienes reciben mensajes de parte de Él siempre tendrán predicciones correctas. Una predicción falsa es la marca segura de un profeta falso.

Este principio, que se enseña con claridad en el Antiguo Testamento, también se aplica a los profetas del Nuevo Testamento en casos como el del profeta Agabo (Hch. 21:10-11). En conclusión, cualquier profeta en cualquier época que habla por inspiración de Dios tendrá razón en sus predicciones el cien por ciento de las veces.

Es increíble, pero algunas personas son tan ingenuas que están dispuestas a seguir a un profeta así sus predicciones no se cumplan. Algunos predicadores del movimiento llamado "palabra de fe" han dicho que tienen revelaciones acerca de milagros inminentes y avivamientos cercanos que nunca se han hecho realidad. Estos hombres también hablan acerca de visiones personales que suenan como herejías, pero sus seguidores quedan impertérritos y no dejan de asistir a las reuniones y enviar su dinero. Es claro que si un profeta predice el futuro de forma imprecisa, es porque no ha escuchado las palabras de Dios.

La segunda clase de profeta es aquel que predice el futuro con precisión y realiza milagros pero es un hereje como resultado de sus doctrinas falsas.

> *Cuando se levantare en medio de ti profeta, o soñador de sueños, y te anunciare señal o prodigios, y si se cumpliere la señal o prodigio que él te anunció, diciendo: Vamos en pos de dioses ajenos, que no conociste, y sirvámosles; no darás oído a las palabras de tal profeta, ni al tal soñador de sueños; porque Jehová vuestro Dios os está probando, para saber si amáis a Jehová vuestro Dios con todo vuestro corazón, y con toda vuestra alma.* (Dt. 13:1-3)

En otras palabras, así la profecía se cumpla esto en sí mismo no es prueba de que el profeta haya sido enviado por Dios. Tenemos que conocer más acerca de su teología antes de poder aprobar sus revelaciones.

¿Tenemos un ejemplo bíblico de este tipo de falso profeta? Balaam (Nm. 22–24) fue un ocultista a quien el rey de Moab solicitó que maldijera a los israelitas. Esos adivinos tenían gran influencia y se creía que a quienes maldijeran serían malditos y a quienes bendijeran serían benditos. Por esa razón un rey pagano pidió a un profeta pagano que maldijera a Israel. Los príncipes del rey acudieron a Balaam con dinero en sus manos y el falso profeta lo aceptó gustoso.

> LA PREDICCIÓN CORRECTA NO CONSTITUYE UNA PRUEBA AUTOMÁTICA DE QUE DEBAMOS SEGUIR A ESE HOMBRE O ESA MUJER.

No obstante, a pesar de sus grandes esfuerzos, Balaam no pudo maldecir a Israel. Al abrir su boca para maldecir ¡lo único que salió fueron bendiciones! El rey se alteró y dijo a Balaam que más le valía cambiar su mensaje si esperaba recibir el soborno prometido. Los profetas falsos muchas veces tienen la mirada puesta en grandes cantidades de dinero (22.17).

Balaam trató de maldecir a Israel por segunda, tercera y cuarta vez, pero lo único que pronunciaban sus labios eran palabras de bendición. Este hombre articuló la siguiente profecía sorprendente: "Lo veré, mas no ahora; lo miraré, mas no de cerca; saldrá ESTRELLA de Jacob, y se levantará cetro de Israel, y herirá las sienes de Moab, y destruirá a todos los hijos de Set" (24:17). Usted podrá imaginar la exasperación del rey de Moab. ¡Su profeta favorito bendijo a su enemigo! Además, en estas bendiciones Balaam incluyó algunas de las profecías más hermosas acerca de Israel que uno podría concebir.

¿Fue Balaam un falso profeta? Sus predicciones se cumplieron, por lo cual parece que pudo haber sido un hombre de Dios, pero no existe evidencia de que él haya enmendado sus caminos para convertirse en un seguidor del Dios verdadero. Esto explica por qué es condenado de forma tan enérgica en el Nuevo Testamento como el prototipo de todos los profetas falsos. Tan solo considere estas palabras:

Tienen los ojos llenos de adulterio, no se sacian de pecar, seducen

> *a las almas inconstantes, tienen el corazón habituado a la codicia, y son hijos de maldición. Han dejado el camino recto, y se han extraviado siguiendo el camino de Balaam hijo de Beor, el cual amó el premio de la maldad, y fue reprendido por su iniquidad; pues una muda bestia de carga, hablando con voz de hombre, refrenó la locura del profeta.* (2 P. 2:14-16)

Balaam tenía dos características que distinguen con frecuencia al falso profeta. En primer lugar fue avaricioso porque podía ser comprado si el precio era correcto. En segundo lugar, y más importante, aunque pareció que recibía revelaciones verdaderas de Dios, no había renunciado a su hechicería. "Cuando vio Balaam que parecía bien a Jehová que él bendijese a Israel, no fue, como la primera y segunda vez, en busca de agüero, sino que puso su rostro hacia el desierto" (Nm. 24:1). Como no pudo maldecir a Israel, se le ocurrió un plan para agradar al rey y conseguir su dinero, porque más adelante persuadió a Israel a participar en inmoralidades sexuales con las mujeres moabitas y el culto al dios pagano Baal (31:16; vea también 25:1-3). No es coincidencia que el rey haya llevado a Balaam a la cumbre de Peor (23:27-28), y este fue el mismo monte donde Israel rindió culto a Baal: "Así acudió el pueblo a Baal-peor" (25:3).

Aquí hay una lección importante: no es suficiente preguntar si las predicciones del profeta se hacen realidad, ni siquiera es suficiente preguntar si en algún momento ha pronunciado las palabras de Dios. También debemos preguntar acerca de su estilo de vida y por encima de todo, sobre sus doctrinas. Por eso no sorprende lo que Jesús dijo en el sentido de que los falsos cristos harán muchos milagros reales porque tratarán de engañar, como si fuera posible, a los mismos elegidos (Mr. 13:22).

Mi esposa y yo conocimos a un joven llamado Felipe quien nos contó acerca de la reunión de dos o tres mil personas a la que asistió y en la que cierto sacerdote dijo: "Un joven presente entre nosotros lucha ahora mismo con la leucemia". Felipe tenía leucemia pero pensó que en una multitud tan grande era probable que varios jóvenes también estuvieran en la misma situación. No obstante, el sacerdote continuó: "Este hombre también pasa ahora mismo por un divorcio". Felipe pensó: "Ya son dos aciertos". Luego el líder predijo que este hombre recibiría tratamientos de quimioterapia y radiación, y que regresaría "el próximo septiembre para dar testimonio de la respuesta a su oración". Esto es lo que sucedió: Felipe recibió la quimioterapia y un transplante de médula ósea, por lo cual regresó el próximo septiembre para dar testimonio de su sanidad perfecta.

¿Fue el sacerdote un profeta verdadero de Dios? No lo creo. Aunque una predicción imprecisa descalifica al profeta, la predicción correcta no constituye una prueba automática de que debamos seguir a ese hombre o esa mujer. Formulé una pregunta a Felipe que me llevó a creer que el sacerdote era un falso profeta, aunque se hubiera cumplido lo predicho por él. Más adelante en este capítulo escribiré acerca de la pregunta que le hice.

Existen dos clases diferentes de falsos profetas y cuatro clases diferentes de profecías falsas. "Falsamente profetizan los profetas en mi nombre; no los envié, ni les mandé, ni les hablé; visión mentirosa, adivinación, vanidad y engaño *de su corazón* os profetizan" (Jer. 14:14, cursivas añadidas).

- *Las visiones falsas* pueden venir del corazón de un falso profeta o de Satanás mismo. Estas visiones son en realidad "vistas" por el profeta pero son falsas y diabólicas. Aquí pienso en el caso de la mujer que se proclamaba a sí misma como una profetisa, quien tuvo una visión del hombre con quien se casaría una de sus hijas. Ella creyó que esta era una revelación de Dios en su mente, pero la visión fue engañosa y no se cumplió.

- *La adivinación* puede referirse a lectura de manos y otras cosas semejantes.
- *Vanidad* también puede traducirse "idolatría" y se refiere a los profetas que llevan a las personas a adorar dioses falsos o que les enseñan a postrarse ante imágenes. También es posible que les alienten a adorar a un dios sacado de su propia imaginación.
- También es posible que *los engaños* del corazón no provengan de Satanás, sino que sean fabricados dentro de la mente del profeta que cree en sus propias revelaciones necias.

A pesar de que los profetas que afirmaban profetizar en su nombre tenían muchos seguidores, Dios afirmó con claridad: "yo no [los] envié" (14:15).

¿Qué profetizaban estos profetas? ¡Exactamente lo que las personas querían escuchar! Decían que no habría guerra ni hambre en la tierra, sino prosperidad (14:13). Argumentaban que como los israelitas eran el pueblo de Dios, deberían reclamar su herencia. Casi podemos oírles decir: "que el diablo no nos robe lo que nos pertenece por derecho propio. Nosotros pertenecemos a Jehová, el Dios del universo. ¡Vivamos conforme a esta verdad!"

No obstante, Dios dijo que ellos mismos serían destruidos por espada o hambre (14:15-16). Dios dice en otra parte de Jeremías: "Yo he oído lo que aquellos profetas dijeron, profetizando mentira en mi nombre, diciendo: Soñé, soñé. ¿Hasta cuándo estará esto en el corazón de los profetas que profetizan mentira, y que profetizan el engaño de su corazón?" (23:25-26). No sorprende que el Señor diga: "No escuchéis las palabras de los profetas que os profetizan; os alimentan con vanas esperanzas" (v. 16).

Ahora preste atención al punto central: "resueltamente se rebelaron contra mí la casa de Israel y la casa de Judá, dice Jehová. Negaron a Jehová, y dijeron: Él no es, y no vendrá mal sobre nosotros, ni veremos espada ni hambre; antes los profetas serán como viento, porque no hay en ellos palabra; así se hará a ellos" (5:11-13).

¡Los profetas no eran más que viento! ¡Hablan los engaños de sus propias mentes! ¡Llenan a las personas de falsas esperanzas! Esto es lo que Dios dice que hacen los falsos profetas (vea v. 14). Afirman que poseen un conocimiento que ha sido negado al resto de nosotros. Alegan que reciben mensajes de Dios por vía directa y sin necesidad de filtro alguno. Hoy día, en casos extremos, llegan incluso a ignorar por completo la Biblia a fin de favorecer sus propias revelaciones "frescas". Afirman tener el poder y la capacidad para realizar "señales y prodigios". En consecuencia, muchas personas les creen.

CÓMO RECONOCER A LOS PROFETAS FALSOS

Son impresionantes las similitudes entre los profetas falsos en las Escrituras y los profetas falsos en la actualidad. La iglesia del primer siglo fue infiltrada por maestros falsos de diferentes tipos, hombres que afirmaban tener revelaciones especiales de Dios. El apóstol Pablo les describe como "grandes apóstoles" que se creían superiores a él (2 Co. 11:5). Eran apóstoles que ganaron aceptación mediante el uso de cartas de recomendación y la promesa de que llevarían a los corintios a una relación más satisfactoria con Dios. No negaban la necesidad de tener fe en Cristo, más bien decían que si además de esto uno se convierte en judío, podrá obtener todo lo que Dios tiene reservado para su vida.

Estos apóstoles se presentaban como más sabios e inteligentes que Pablo porque atendían las necesidades sentidas de las personas de una manera que Pablo nunca estuvo dispuesto a hacerlo. Tenían la llave que abría las puertas hacia una espiritualidad más profunda mediante la presentación de un mensaje más completo. Creían que Pablo solo tenía una parte de la verdad mientras que ellos la habían recibido toda. También había oradores que podían presentar sus ideas con convicción y estilo. Poseían conocimiento oculto, iluminación especial y revelaciones nuevas. El evangelio de Pablo parecía débil en comparación, y es evidente que su misma presencia física les dejaba mucho que desear. Dijeron de él: "[sus] cartas son duras y fuertes; mas la presencia corporal débil, y la palabra menospreciable" (2 Co. 10:10).

Hoy día existen muchos profetas y maestros en la televisión y es nuestra responsabilidad distinguir entre lo falso y lo verdadero, o por lo menos entre la falsedad y la verdad a medias. No somos infalibles, y en algunos casos tendremos que admitir con humildad que no tenemos información suficiente para emitir un juicio, pero en vista de que Jesús nos advirtió sobre la proliferación de maestros falsos y que algunos de ellos se han desviado tanto de la enseñanza bíblica, debemos preguntar: ¿Conforme a qué criterios deben ser juzgados?

Suponga que observamos en la televisión a un evangelista o alguien que afirma tener el poder para realizar milagros. ¿Qué criterios debemos emplear para determinar si este hombre o mujer es un líder espiritual auténtico que debe ser seguido y respaldado? Lo animo a abrir su Biblia en 2 Co. 11 y seguir el texto a medida que consideramos la descripción que Pablo hace de los maestros falsos de su tiempo. Esto servirá como una guía para discernir entre el maestro verdadero y el falso, o podríamos decir, para discernir entre la verdad y las verdades a medias que todos nosotros hemos oído. Estas son algunas de sus características.

> MUCHOS PROCLAMAN A UN JESÚS QUE LE DARÁ A USTED REGALOS Y BENDICIONES.

Tienen a su propio Jesús

Pablo escribe: "Porque si viene alguno predicando a otro Jesús que el que os hemos predicado, o si recibís otro espíritu que el que habéis recibido..." (v. 4). ¿Quién fue este Jesús que era predicado por los "grandes apóstoles" del tiempo de Pablo? Creían que Jesús murió en la cruz pero que su obra no era suficiente. Uno tenía que volverse judío y añadir las obras de la ley a lo que Cristo había hecho. Además, si uno se volvía judío el cristianismo podría funcionar de verdad porque solo en ese caso podría el individuo adentrarse en las cosas más profundas de Dios.

No negaban lo que Pablo enseñaba, solo añadían a su mensaje. Scott Hafeman, quien ha estudiado en detalle 2 Corintios, dice que estos maestros enseñaban que como Jesús sufrió, nosotros no tenemos por qué hacerlo.[1] En lugar de ver a Jesús como el ejemplo perfecto de cómo se debe sufrir, creían que Jesús sufrió en nuestro lugar y así nos eximió en absoluto de todo sufrimiento. La redención significa entrar en la plenitud de las bendiciones terrenales que Jesús compro para nosotros en la cruz. Los maestros falsos enseñaban que las bendiciones del cielo podían ser nuestras de inmediato.

Si hemos de disfrutar la vida y prosperar, necesitamos dos cosas. Primero necesitamos nuestra salud porque es imposible vivir una vida plena con padecimientos físicos. En segundo lugar necesitamos riqueza, para que nuestras necesidades (y deseos) sean satisfechos sin interrupción. El Jesús de los profetas falsos sufrió no tanto para redimirnos de nuestros pecados como para comprar hoy mismo para nosotros las bendiciones del cielo. Si uno tan solo da el paso adicional y se convierte en judío, podría experimentar a plenitud todas las bendiciones del Espíritu. Pablo dice que por el contrario, esa clase de enseñanza añade a la cruz y equivale a predicar "otro Jesús".

En el aeropuerto internacional de Chicago me encontré con una mujer que leía el libro "La oración de Jabes" y le pregunté acerca de sus convicciones religiosas. Dijo que pertenecía a los mormones y que leía ese libro porque acababa de comenzar un negocio nuevo y quería que Dios lo bendijera. Al decirle que debía confiar en

Cristo, ella respondió: "Jesús... todos nosotros servimos a Jesús y existe un solo Jesús, ¿no es así?"

Le expliqué que no era así, que había muchos tipos diferentes de Jesús en el mundo. El movimiento de la nueva era cree en el Jesús cósmico que habita en todas las personas. Algunos predicadores presentan al Jesús "papá Noel" que da bendiciones a todos sin discriminación alguna y sin importar el estilo de vida o la religión de una persona. El gran humanitario Albert Schweitzer escribió un libro en el que dijo estar convencido de que Jesús era un demente alucinado. No hay duda que este es "otro Jesús".

El Jesús falso del tiempo de Pablo no estaba escondido en una esquina como producto de alguna secta extraña. Se trataba de un Jesús que era proclamado en público, y como es evidente, también predicado dentro de la iglesia. Este Jesús era tan parecido al Jesús verdadero que Pablo temía que las personas no pudieran notar la diferencia.

Muchos proclaman a un Jesús que le dará a usted regalos y bendiciones. Es el Jesús de la prosperidad, el Jesús que sana, el Jesús que ama a todo el mundo por igual y nunca enviaría a una persona al infierno. Nunca reconocen al Jesús que murió en la cruz para reconciliarnos con Dios, aquel que volverá para traer juicio sobre todos los que no obedecen el evangelio.

Estos profetas falsos siempre están dispuestos a hablar sin cesar acerca de Jesús, orar en el nombre de Jesús y hacer milagros en el nombre de Jesús. Ellos predican a un Jesús que quiere dar todos los beneficios del perdón divino sin necesidad de arrepentimiento, un Jesús que quiere bendecir a todos sin importar qué crean. Predican a un Jesús que no nos llama a sufrir, sino más bien un Jesús que está "siempre disponible para nosotros", preparado para conceder las bendiciones que eliminarán todo el sufrimiento que nos sobrevenga. Este Jesús nos dará dinero, quitará nuestros problemas y hará cualquier milagro que le pidamos. De hecho, es un Jesús que complace nuestros sentidos y se especializa en mantenernos entretenidos.

Pablo dice que estos profetas son insidiosos porque tienen "otro espíritu", es decir, en realidad son controlados por un espíritu diferente y extraño. En algunos casos un demonio se esconde detrás de su enseñanza porque utilizan su carisma para dar la apariencia de que exaltan a Jesús, pero sus enseñanzas son desviadas. Debemos tener en cuenta que el Jesús que queremos no tiene que ser siempre el Jesús a quien necesitamos.

K. Neil Foster cuenta la historia de una mujer que buscaba ayuda porque se sentía acosada por un espíritu que se identificaba a sí mismo como "Jesús". Este Jesús falso la arrojaba al piso y se jactaba de tener el control sobre cierta congregación en cierta ciudad. Este espíritu aborrecía al Señor Jesucristo pero fue expulsado con la autoridad de ese nombre aunque pretendía llamarse así. Es obvio que hay espíritus dispuestos a adoptar el nombre "Jesús" para confundir y engañar a las personas.2

¿Cómo podemos detectar los diferentes tipos de "otro Jesús"? Al observar y escuchar a un pastor, evangelista o profeta, pregunte: ¿Es la predicación de la cruz central en su ministerio? ¿Hace hincapié en la necesidad del arrepentimiento, la santidad y el sometimiento a Dios? ¿Predica a un Jesús que nos llama a sufrir con la promesa de que Él andará con nosotros mientras pasamos por el sufrimiento? ¿O acaso presenta a un Jesús cuya función primordial es darnos las bendiciones del cielo ahora mismo?

En algunos casos no podremos dar una respuesta simple a estas preguntas. Hay maestros que de verdad se refieren al evangelio con bastante frecuencia, y en casos contados pueden predicar al mismo tiempo el mensaje de la cruz y el mensaje de la prosperidad terrenal como si ambos pudieran coexistir. En algunos casos debemos limitarnos a distinguir la verdad de la verdad a medias y abstenernos de hacer juicios personales. En otros casos resulta fácil para todos reconocer a los evangelistas del "otro Jesús".

Tienen su propio evangelio

Si usted tiene su propio Jesús, también tiene su propio evangelio: "si viene alguno predicando a otro Jesús que el que os hemos predicado... u otro evangelio que el que habéis aceptado..." (2 Co. 11:4). Ya hemos aprendido que el evangelio de estos "grandes apóstoles" era el evangelio de la prosperidad, y para mostrar que "ponían su dinero donde tenían la lengua", no predicaban sin cobrar una tarifa determinada. De hecho, argumentaban que si Pablo en realidad fuera un hombre importante no predicaría sin ser reembolsado. Por esa razón Pablo tuvo que defender el hecho de que él acudía a predicar el evangelio de forma gratuita.

En defensa de su política de "no recaudación", Pablo escribió: "¿Pequé yo humillándome a mí mismo, para que vosotros fueseis enaltecidos, por cuanto os he predicado el evangelio de Dios de balde? He despojado a otras iglesias, recibiendo salario para serviros a vosotros" (vv. 7-8). Pablo dijo que no quería ser una carga para la congregación, así que utilizó fondos que recibía de otras iglesias para su sustento, y por supuesto también trabajaba con sus propias manos. Quizás esto era apreciado por las personas, pero los maestros falsos usaron esto en contra de Pablo con el argumento de que él no cobraba porque no era un predicador tan bueno como ellos.

Los grandes apóstoles de la actualidad insisten en que debemos enviarles dinero para nuestro propio beneficio personal. Entre más generosos seamos, más estará dispuesto Dios a abrir las ventanas de los cielos para darnos tantos beneficios que no tendremos espacio suficiente para almacenarlos. Esconden su avaricia bajo la apariencia de dar a sus adherentes una oportunidad singular para ser bendecidos por Dios. En efecto, su mensaje es: "¿No se dan cuenta de lo afortunados que son por poder enviarme su dinero?"

¿Por qué este evangelio de la prosperidad ha recibido tanta aceptación en el corazón de millones de norteamericanos? En primer lugar, porque al igual que los profetas de Israel, los predicadores modernos han encontrado un mensaje que las personas quieren oír más que cualquier otro. No es necesario hablar sobre los aspectos duros de la vida cristiana, no se necesita llevar la cruz ni resistir en medio del sufrimiento, y tampoco es necesario apartarse del pecado o tomar la decisión de vivir sin las comodidades del mundo.

> SATANÁS ANHELA MUCHO SER UNA FUENTE ALTERNATIVA DE ILUMINACIÓN E INTERPRETACIÓN.

Por supuesto, estos apóstoles incluirán muchas citas de la Biblia y afirmarán que la creen "de pasta a pasta", pero omitirán pasajes que no se acomodan a su mentalidad. Escuché a cierto profeta falso decir: "Este asunto de que Jesús muera por nosotros... no me interesa lo que Jesús hizo dos mil años atrás, lo que me interesa es la cantidad de bendiciones que me da hoy mismo". En la mente de este hombre nuestro problema no es el pecado, sino la ignorancia, lo que sucede es que no sabemos cómo tener acceso a Dios para obtener nuestra herencia.

Una segunda razón para esta aceptación generalizada del evangelio de la prosperidad es su apoyo en la codicia. Pedro describe así a los predicadores falsos de su tiempo: "por avaricia harán mercadería de vosotros con palabras fingidas. Sobre los tales ya de largo tiempo la condenación no se tarda, y su perdición no se duerme" (2 P. 2:3). Un predicador por televisión dijo que algunos de los que le habían enviado dinero recibieron cartas del banco hipotecario para confirmar que sus préstamos habían sido pagados por completo. ¡Esto tiene que ser un invento disfrazado con palabras fingidas!

Una de las maneras en las que la iglesia primitiva reconocía a un profeta falso era si alguien venía a la iglesia en busca de dinero. Como hemos aprendido, Pablo dijo que sí tenía el derecho de pedir dinero (2 Co. 9) pero rehusó hacerlo para no ser piedra de tropiezo para los creyentes. Aquí empleó un poco de ironía al decir que despojaba a las otras iglesias para no tener que despojar a los corintios. A diferencia de él, los grandes apóstoles utilizaban su riqueza como prueba irrefutable de la bendición divina.

He escuchado que uno de los "profetas" o evangelistas más famosos de la actualidad, afirmó que en poco tiempo los muertos resucitarán en sus cruzadas. Lo cierto es que si una persona no predica a "Jesucristo, y a éste crucificado" (1 Co. 2:2), si la cruz no es el centro de su ministerio, y si hace promesas a sus seguidores que Dios no ha hecho en realidad, estoy de acuerdo con Jim Cymbala, quien dice que no seguiría a esa clase de persona ¡así fuera capaz de resucitar a los muertos!

Sin un entendimiento claro de la cruz y sin la enseñanza de que podemos ser salvos solo a través del sacrificio de Cristo, no importa que las predicciones del predicador se cumplan con exactitud. Al fin de cuentas, sabemos que un predicador proviene de Dios, no porque pueda predecir el futuro ni porque pueda hacer milagros, sino porque predica "a Jesucristo, y a éste crucificado". Cualquier desviación de esto es "otro evangelio".

¿Qué pregunta hice a Felipe (a quien me referí con anterioridad), que me llevó a creer que el profeta o sacerdote que hizo una predicción exacta no era de Dios? Le dije: "Dime cuál sería la respuesta de este hombre a la pregunta: ¿Qué tiene que hacer una persona para entrar al cielo?" Felipe contestó: "Él diría que uno tiene que seguir a Dios y ser una persona buena". Por supuesto, este es "otro evangelio" y constituye una prueba de que aun los profetas con predicciones correctas no son enviados por Dios necesariamente.

Tienen su propia fuente de poder

Continuemos. "Porque éstos son falsos apóstoles, obreros fraudulentos, que se disfrazan como apóstoles de Cristo. Y no es maravilla, porque el mismo Satanás se disfraza como ángel de luz. Así que, no es extraño si también sus ministros se disfrazan como ministros de justicia; cuyo fin será conforme a sus obras" (2 Co. 11:13-15). Tenga presente que el engaño predilecto de Satanás es hacerse pasar por el Espíritu Santo. Su meta es revelar conocimiento que no puede adquirirse a través de las Escrituras o la razón. Parte de lo que revela puede ser verdad y parte es falso. Si necesita mezclar su error con un poco de verdad para engañar, sin vacilarlo así lo hará.

Su engaño más prodigioso consiste en dar revelaciones a quienes estén disponibles para recibirlas. Por esa razón Pablo dijo: "temo que como la serpiente con su astucia engañó a Eva, vuestros sentidos sean de alguna manera extraviados de la sincera fidelidad a Cristo" (v. 3). La serpiente engañó a Eva al darle una revelación que parecía superar la Palabra de Dios. Dios había hablado pero ella creyó que recibiría un conocimiento adicional que Dios le había negado. En consecuencia, tenemos en la actualidad a predicadores del "Dios me dijo" que insisten en afirmar que han recibido luz adicional y conocimiento espiritual avanzado. Algunas de estas "revelaciones" concuerdan en cierta medida con la Palabra de Dios y otras son cuentos fantásticos e ideas rebuscadas. Satanás anhela mucho ser una fuente alternativa de iluminación e interpretación.

> CON FRECUENCIA ESTA CLASE DE ENGAÑO ES BASTANTE SUTIL.

Si Satanás hubiera sido entrevistado en un programa televisivo hace dos mil años, casi podríamos oírle decir: "¡Acabo de recibir una revelación nueva de Dios! El Señor me acaba de decir con base en el Salmo 91:11-12, que podemos saltar desde el pináculo del templo ¡y no saldremos lastimados! ¡Alabado sea Dios!" Los profetas falsos casi siempre encuentran un versículo sacado de su contexto, para hacer alguna interpretación "nueva" con el propósito de impresionar a sus oyentes. Estos profetas ignoran los principios sanos de interpretación y desprecian la sabiduría de los maestros de la iglesia en el pasado, para quedar en libertad de poner las palabras que quieran en la boca de Dios.

Escuche las enseñanzas de los que pertenecen al movimiento de la palabra de fe y oirá ocultismo mezclado con Escrituras tomadas fuera de contexto. Oirá que el poder para crear la realidad yace en nuestro interior y todo lo que se necesita es fe en que nuestra palabra posee poderes mágicos. La visualización creativa es necesaria para tener fe en la propia fe de uno y por supuesto, esta es la enseñanza de grupos ocultistas como la ciencia de la mente y el movimiento de la nueva era.[3]

A las personas se les dice que pueden hablar a sus billeteras y decir: "Billetera, por mi fe te vas a llenar de dinero". También pueden hablar a su cuerpo y decir: "Cuerpo, eres maravilloso, sano y bueno". Esta clase de charlatanería mágica se enseña a millones de personas que la aceptan como si saliera de la Biblia. Los profetas de Satanás se enmascaran como profetas, no de engaño ¡sino de justicia!

En segundo lugar, este poder demoníaco es visto en milagros que casi siempre van más allá de los que se encuentran en las Escrituras. Cierto evangelista afirmó que haría milagros "más grandes que estos que se describen en el libro de Hechos". Por supuesto, la mejor manera en la que Satanás puede engañar a las personas es hacer un milagro de beneficio físico o material que distraiga de la obra de Jesús en la cruz. Con frecuencia esta clase de engaño es bastante sutil.

Ted Brooks, pastor de una iglesia en la que se hacía hincapié en los milagros, las lenguas y las profecías, pero que desde entonces ha reconocido los errores de su enseñanza, escribió lo siguiente:

> Solo porque las palabras habladas por líderes cristianos suenen espirituales no significa que deban ser acatadas. Los espíritus del anticristo al interior de la iglesia confesarán muchas cosas espirituales e incluso citarán muchas porciones bíblicas. Realizarán señales y prodigios que fascinan al alma, aparecerán como apóstoles, profetas y pastores pero evitarán reconocer por todos los medios el hecho de que Jesucristo fue la revelación completa de la voluntad y el carácter de Dios en la carne.[4]

Además dice que si examinamos estos milagros seremos llamados aborrecedores de milagros o incrédulos, pero no podemos ser intimidados. Un milagro verdadero no se desvanece tras ser sometido a un examen cuidadoso. Los que obran milagros con falsedad creen que si hacen algo que ni siquiera Jesús o los apóstoles hicieron, esto demuestra que son de Dios. Por eso las personas son "golpeadas en el espíritu" y la risa incontrolable se apodera de toda una congregación. De hecho, cuanto más extraña sea la experiencia, con más seguridad se cree que proviene de Dios. Para citar de nuevo a Brooks: "lo que nunca se ha hecho antes constituye una señal indudable de que se trata de un milagro verdadero de Dios".[5] Algunos dicen a sus congregaciones que dejen su Biblia a un lado para entrar de lleno a la experiencia de lo que Dios quiere hacer en medio de ellos.

La interpretación bíblica sana se tira a un lado para favorecer la "cosa nueva" que Dios hace en el momento. Si un hombre se pone sobre sus manos y rodillas para después rugir como un león, dirán que es una práctica bíblica porque las Escrituras mencionan en varios pasajes los leones como símbolos de realidades espirituales. Si un hombre dice cosas sin sentido se acepta cualquier interpretación dada con soltura, así la revelación no haya venido en un lenguaje humano como sucedió en el libro de Hechos. Se da por sentado que cualquier cosa puede ser una manifestación sobrenatural de Dios.

El fenómeno contemporáneo de caer y perder el conocimiento tras ser "golpeados en el espíritu" no solo está ausente en las Escrituras, sino que es contrario al estilo ministerial de Cristo y los apóstoles. De nuevo citamos a Peter Fenwick, un carismático que se identifica en muchos sentidos con la manifestación de los dones espirituales. Dice que conoce personalmente a muchas personas, tanto antes como después de la experiencia de haber sido "golpeados en el espíritu".

Fenwick escribe: "Muchos... hablan de experiencias agradables como el haber estado en una especie de 'alfombra voladora', pero no detecto cambios fundamentales como los que se han difundido. Por supuesto, esto no me sorprende en vista de la ausencia general de la Palabra de Dios en el marco de la bendición de Toronto".[6] Esto corresponde al espíritu de la época: así como las personas quieren oír de Dios sin el trabajo difícil de estudiar la Biblia, también quieren alcanzar la madurez espiritual sin la labor difícil de la oración, el estudio bíblico, la testificación y otras disciplinas espirituales.

Ahora bien, ¿no existen casos de personas que fueron "golpeadas en el espíritu" en movimientos de avivamiento en el pasado? Muchos citan las campañas de Jonathan Edwards y Juan Wesley para justificar los fenómenos actuales que tanto se ven por televisión. Sí, existen informes de "manifestaciones" de varios tipos, pero tenga presente que (1) muchos que "cayeron" lo hicieron bajo una convicción profunda de pecado y (2) los predicadores del avivamiento no solo desalentaban la práctica, sino creían que estas cosas se prestaban para distraer del mensaje mismo del evangelio. Además, (3) estas manifestaciones no ocurrían porque las personas fueran tocadas por un evangelista que les daba una descarga de poder espiritual. Por último, (4) estas manifestaciones nunca fueron objeto de despliegue público para animar a otros a tener la misma experiencia.

Los "grandes apóstoles" de la actualidad afirman que hacen en cuestión de minutos lo que predicadores de otrora nos dijeron que solo venía como resultado de quebrantarnos y someternos a diario delante de Dios, casi siempre a través del sufrimiento. Hoy día nos dicen que podemos tener poder por el simple hecho de ser tocados por un apóstol electrizante con carga de alta tensión.

Sí, ellos tienen su propio poder.

Ellos tienen sus propios medios de control

Pablo reprende así a los creyentes de Corinto: "Pues toleráis si alguno os esclaviza, si alguno os devora, si alguno toma lo vuestro, si alguno se enaltece, si alguno os da de bofetadas" (2 Co. 11:20). ¡Imagine la situación! Estos creyentes estaban dispuestos a ser maltratados por estos apóstoles con ínfulas de grandeza, ¡sin quejarse! Estos maestros falsos eran manipuladores, controladores y ultrajantes, ¡pero los ingenuos comían de su mano y los seguían!

La naturaleza humana no ha cambiado en lo más mínimo. Me maravillo al oír historias de personas que asisten a iglesias donde el pastor usa su autoridad para explotar a las personas por medio del control arrogante, los comentarios degradantes y las acusaciones. En algunos casos el pastor amenazará a los miembros de la iglesia e incluso llegará al extremo de maldecirles si deciden abandonar su congregación. Esta clase de líder exige lealtad y compromiso absolutos al igual que obediencia personal. Las personas no dejan de asistir porque temen ser abofeteadas, como lo expresa Pablo. Después de todo, el pastor les ha asegurado por todos los medios que es el siervo especial de Dios.

¿Cómo ejercen los profetas falsos ese control?

Primero por medio del aislamiento. Casi siempre aíslan a sus seguidores de su familia respectivas e insisten en que su lealtad debe dirigirse a los maestros falsos de forma exclusiva. Insistirán en que sus miembros se comuniquen solo con ellos. Después de todo, el profeta les dirá todo lo que necesitan saber. Por supuesto, esta es una característica inconfundible de las sectas.

En segundo lugar se practica la intimidación. Si los profetas falsos llegan a conocerlo a usted de forma personal, encontrarán alguna debilidad en su vida y la utilizarán luego como palanca para sojuzgarlo con sobornos expresos o implícitos. Un maestro falso preguntó a los que asistían a sus grupos pequeños o células acerca de sus fantasías sexuales y después usó esta información en su contra. Hace unos veinte años, un profeta falso aquí en el área de Chicago me dijo que si yo no me sometía a su autoridad, él ya me podía ver "caído". Esto puede intimidar a cualquier persona que llegue a creer que en realidad se le habla en representación de Dios.

La tercera artimaña que se emplea es la explotación. Aquí también el maestro falso encuentra maneras de desarrollar relaciones con su clientela. Si es un personaje de los medios les asegura un favor especial si le escriben, promete respuestas garantizadas a sus oraciones, promete prosperidad y promete que Dios les recompensará su obediencia con dinero. Apetece la dependencia y la confianza exclusivas de sus seguidores, y al conseguir esto puede depender en su lealtad y apoyo durante muchos años.

> POR LO GENERAL UN PROFETA FALSO LLAMA TODA LA ATENCIÓN A ÉL MISMO.

Al mismo tiempo, los profetas falsos no se dejarán someter a autoridad alguna, aprovecharán cualquier oportunidad para poner en entredicho la autoridad de los ancianos o elegirán a miembros de la junta que no le someterán a juicio. Como creen que reciben órdenes directas de Dios, al ser interrogados responden: "¿Quién es usted para cuestionar al ungido del Señor?"

Si sucede un milagro en su ministerio, hacen despliegue de él en frente de las multitudes para recibir crédito como "obrador de milagros", pero si alguien no es sanado la culpa es del enfermo que no tuvo fe suficiente o no dio dinero suficiente. Nadie ha sido llamado nunca a la plataforma para dar testimonio así no haya sido "sanado".

¿Ha notado que las multitudes que acuden a admirar a los obradores de milagros están compuestas por personas de bajos ingresos? Se debe a que muchas de esas personas piensan: "Si yo pudiera tener tanta fe como mi líder, Dios me podría bendecir como lo ha hecho con él". En consecuencia, si sus hipotecas no son canceladas de forma automática, si no experimentan sanidad inmediata y si no pueden hablar en lenguas extrañas, es su propia culpa. No es sorpresa que muchas personas que se han desilusionado tras haber participado en estos ministerios me hayan dicho que están convencidas de que Dios las ha abandonado.

Tienen sus propios medios de autoexaltación

Por lo general un profeta falso llama toda la atención a él mismo. Como Diótrefes, quieren tener toda la preeminencia (3 J. 9). Pedro ofrece esta descripción vívida: "Pues hablando palabras infladas y vanas, seducen con concupiscencias de la carne y disoluciones a los que verdaderamente habían huido de los que viven en error" (2 P. 2:18). Algunos hablan con jactancia sin fundamento y tienen la audacia de dar órdenes a Dios y decirle qué debe hacer. Por televisión vi a un evangelista decir a una mujer que había sido incapaz de tener hijos:

–¿Qué quiere, niño o niña?

–Un niño –respondió.

–Un niño será, ¿de qué color quiere los ojos?

–Azules, por favor.

–¡Este niño nacerá el año próximo!

Después dijo que si ella hubiera elegido tener mellizos, ¡los habría tenido! ¡Tan solo imagínelo!

Ahora bien, ¿qué sucederá si esta pareja no tiene un niño de ojos azules al próximo año? ¿Qué sucede si reciben una niña de ojos oscuros? ¿Qué sucederá a su fe si dejan de tener hijos por completo? ¿Acaso dirán: "¡Fuimos engañados por un profeta falso!"? No, lo más probable es que digan: "Si tan solo hubiéramos tenido más fe, Dios habría cumplido su palabra para nosotros". En la mente de los seguidores devotos, el llamado profeta siempre tiene la razón y siempre gana, los únicos que pierden son las personas comunes y corrientes.

Algunos profetas llaman la atención a sí mismos por medio de su propia apariencia personal. En los primeros días de la iglesia, Apolonio escribió un documento acerca de los falsos profetas, en el que dijo que podían ser reconocidos por su vestuario y sus ademanes. "Dime, ¿el profeta se tiñe de algún color el cabello? ¿El profeta utiliza *estibio* [sustancia brillante de color plateado] en sus ojos? ¿Se ocupa bastante el profeta en su vestimenta?"[7] El escritor afirmaba que a los profetas falsos les encanta ser el centro de atención. Todos nosotros debemos tener presente que no es posible que nos exaltemos a nosotros mismos y que exaltemos a Cristo de forma simultánea.

> ¿O ESTAMOS DISPUESTOS A SEGUIR A CRISTO QUIEN NOS HA ENSEÑADO A SUFRIR BIEN?

Billy Graham es prueba viviente de que la fama no tiene por qué corromper y que la humildad genuina puede existir en un hombre que es admirado por millones de personas. Su compromiso con el lugar central del evangelio es un ejemplo para todos nosotros.

PABLO NO LES LLEGABA A LOS TALONES

¿Cómo se veía Pablo en comparación a estos "grandes apóstoles"?

En pocas palabras, débil y lastimero. "Para vergüenza mía lo digo, para eso fuimos demasiado débiles" (2 Co. 11:21). Era demasiado "débil" para usar las técnicas de los profetas falsos. Esto lo hacía quedar como débil porque no parecía tan atractivo como ellos y era incapaz de predicar como ellos. Por si fuera poco, su presencia física no dejaba la mejor de las impresiones. Un apunte antiguo dice que Pablo era de baja estatura, calvo y con las piernas arqueadas. ¡Imagine el nivel de sintonía si hubiera estado en televisión!

Trate de imaginar lo que diría el público televidente: "Pablo no tiene lo que estos otros líderes tienen, nosotros queremos maestros que tengan fe suficiente de que Dios pagará por completo nuestras deudas, de esos que no tienen que sufrir para disfrutar las bendiciones. Queremos a alguien que tenga el poder para reprender un simple aguijón en su carne y no un hombre que decide vivir en victoria a pesar de eso". Pablo fue flagelado en cinco ocasiones, golpeado con varas en tres ocasiones y apedreado, sin mencionar que casi muere en un naufragio. Todo esto y mucho más, es lo que dio credibilidad a su ministerio.

Las personas de Corinto tenían que tomar una decisión: ¿Querían ser como Pablo, quien no tenía dinero y sufría, o querían ser como los profetas falsos con sus vestidos lujosos? Hoy diríamos: "¿Queremos ser seguidores de profetas falsos con sus cadenas de oro, sus relojes Rolex y sus automóviles de lujo? ¿O estamos dispuestos a seguir a Cristo quien nos ha enseñado a sufrir bien?" Al igual que los creyentes en Corinto, nosotros tenemos una decisión que tomar.

El mensaje y la autoridad de Pablo provenían de Dios, mientras que el de sus detractores venía de Satanás. Pablo argumentó que las marcas distintivas de un profeta verdadero son el sufrimiento y las penalidades, no la salud y la riqueza. Ni siquiera Jesús mismo cambió el mundo por medio de milagros, sino a través de su sufrimiento.

Por cierto, así ha sido desde entonces.

NOTAS

1. Scott Hafeman, comentario dado en una conversación telefónica con el autor, octubre de 2001.
2. K. Neil Foster, *Sorting Out the Supernatural* [Cómo clasificar lo sobrenatural] (Camp Hill, Pensilvania.: Christian Publications, 2001), p. 245.
3. Hank Hanegraaff, *Christianity in Crisis* [Cristianismo en crisis] (Eugene, Oregon.: Harvest House, 1993), pp. 82–83.
4. Ted Brooks, *I Was a Flaky Preacher* [Yo fui un predicador excéntrico] (Belleville, Ontario: Guardian, 1999), p. 38.
5. *Ibíd.*, p. 43.
6. Peter Fenwick, en el libro de Clifford Hill, Peter Fenwick, David Forbes, y David Noakes, *Blessing the Church*? [¿Para bendición de la iglesia?] (Guildford, Surrey [Reuino Unido]: Eagle, 1995), p. 60.
7. Foster, *Sorting Out the Supernatural* [Cómo clasificar lo sobrenatural], p. 22.

5

CÓMO JUZGAR LOS MILAGROS

¿Son de Dios o de Satanás?

Nuestra cultura está repleta de milagros. Con el lanzamiento de la película "Amada" de la popular Oprah Winfrey, ella informó que había "canalizado" a algunos de los personajes históricos que aparecían en el largometraje. En una entrevista ella dijo que "espíritus antiguos" habían tratado de "establecer contacto con ella". Dijo que oía las voces de los esclavos e incluso sus nombres, y que ha "llegado a conocerlos personalmente y siempre que los invoca se hacen presentes" para guiarla en su trabajo. Antes de que se grabaran varias escenas, ella encendía velas y dedicaba cierta cantidad de tiempo a la canalización de los espíritus del pasado. "Es como si ella canalizara el espíritu de Margaret Carner, la inspiración para Seté [la esclava] en su actuación", dijo Jonathan Demme, quien trabajó con Oprah en la producción.[1]

Sí, el misticismo y su espiritualidad propia es algo muy atractivo, y millones de personas tratan ahora de conectarse con la esfera metafísica, es decir, el aspecto espiritual del universo. Vivimos en un mundo lleno de espiritualidad personal, guías espirituales y también, un mundo de milagros.

En cualquier biblioteca pública usted podrá encontrar cientos de libros acerca de milagros, en los cuales se cuentan historias por este estilo:

- Un perro fantasma aparece en medio de la neblina para guiar a una familia y ayudarla a escapar del peligro.
- Un viajero silencioso dirige un doctor hacia el accidente de un ómnibus escolar.
- Un ángel de la guarda se asegura de que un niño enfermo llegue al hospital.
- Un camionero salva una vida tras recibir una llamada de auxilio en su radioteléfono, el único problema es que esa llamada nunca fue enviada.

UN MILAGRO NO VIENE DE DIOS POR EL SIMPLE HECHO DE QUE AYUDE A LAS PERSONAS.

También he leído secciones de un libro titulado “Curso sobre milagros”, escrito por Helen Schuchman. ¿Dónde obtuvo ella su información acerca de cómo realizar milagros? Ella conoció una voz que le decía todo lo que necesitaba saber. “No hacía sonido alguno, pero parecía darme una especie de dictado rápido en mi mente y por eso yo andaba siempre con un cuaderno para anotar lo que me decía... Aunque me hacía sentir bastante incómoda, nunca se me ocurrió dejar de escucharla, parecía ser una tarea especial para mí que en algún momento de mi vida accedí completar”.[2]

Este libro está repleto de referencias a Dios, el Espíritu Santo y algunas referencias ocasionales a Cristo. Las premisas del libro tienen mucho en común con el misticismo oriental: todos participamos de nuestras vidas con Dios, la naturaleza humana es buena en lo fundamental y los milagros están siempre listos a suceder si tan solo reconocemos el hecho de que tenemos el poder para realizarlos. La muerte es un sueño, no habrá juicio final y la salvación consiste en acceder a la libertad que está reservada para todos los que tengan fe en ellos mismos. En esta visión del mundo los milagros son comunes.

Hace poco un programa nacional de televisión presentó la historia de una niña que yacía en coma pero era considerada por muchos como una santa. Prueba de esto era una estatua de la virgen María a la que le salieron lágrimas tan pronto la niña regresó del hospital. Otros objetos religiosos también han comenzado a llorar y aparece aceite en recipientes dejados en el santuario que se ha construido en su honor. Muchas personas vienen a mirar a la niña enferma y le ruegan que ore por ellos. Si es posible, los visitantes se llevan una gota del aceite santo y algunos dicen que han sido sanados.

ADVERTENCIAS PRELIMINARES

Jesús dijo mucho acerca de los milagros:

> *No todo el que me dice: Señor, Señor, entrará en el reino de los cielos, sino el que hace la voluntad de mi Padre que está en los cielos. Muchos me dirán en aquel día: Señor, Señor, ¿no profetizamos en tu nombre, y en tu nombre echamos fuera demonios, y en tu nombre hicimos muchos milagros? Y entonces les declararé: Nunca os conocí; apartaos de mí, hacedores de maldad.* (Mt. 7:21-23)

Jesús nos da tres advertencias. En primer lugar, un milagro no viene de Dios por el simple hecho de que sea realizado por alguien que llame a Jesús "Señor". Hay "milagreros" que hablan de Cristo de manera respetuosa y reconocen que Él es el Señor, pero estas personas no son enviadas por Dios. Para saber si un milagro es de Dios, tiene que estar basado en la sana doctrina, pero tenga en cuenta que ni siquiera la sana doctrina es prueba absoluta de que un milagro sea de Dios.

> LA FUNCIÓN PRIMORDIAL DE LOS MILAGROS FUE AUTENTICAR EL MENSAJE DE CRISTO Y DE LOS APÓSTOLES.

En segundo lugar, un milagro no viene de Dios por el simple hecho de que ayude a las personas. En este texto Jesús nos asegura que los demonios fueron expulsados y que sí se realizaron milagros benéficos, pero el hecho objetivo es que tales milagros no se originaron en el poder de Dios.

En tercer lugar, muchas veces nos hemos preguntado: ¿Los profetas falsos y los que hacen milagros saben que están engañados? Es posible que algunos sepan que son fraudes que explotan de forma deliberada a las personas, pero otros pueden ser sinceros y creen que sus dones milagrosos vienen de Dios. Es por esa razón que Jesús nos da una tercera advertencia: un milagro no es de Dios por el simple hecho de que la persona que lo realice parezca tener seguridad del cielo.

Note que estas personas esperaban entrar por las puertas de perla y se horrorizaron al ver que fueron rechazadas. Predicaron a un Cristo y lo llamaron Señor, ¡pero ellos mismos no se habían convertido! Podemos estar seguros de que estos milagros fueron realizados por personas que hablaban todo el tiempo acerca del cielo, la vida eterna y cosas por el estilo. De hecho, puede ser que se trate de las mismas personas que nos dijeron que no necesitábamos esperar la llegada al cielo porque podríamos tenerlo todo ahora.

Ahora bien, ¿es posible que existan profetas falsos que también sean cristianos genuinos? Otros pueden no estar de acuerdo, pero yo creo que la respuesta es afirmativa. En mi opinión, algunos que son salvos pueden llegar a ser engañados con respecto a su propia capacidad para "oír de parte del Señor". Otros tienen poderes milagrosos que nunca han sometido a prueba y dan por sentado que provienen de Dios. Si a usted le enseñan que toda sanidad es de Dios, resulta fácil ver por qué creyentes genuinos acuden a recibir enseñanzas falsas y milagros falsos. Esto explica por qué la misma boca que pronuncia revelaciones necias puede también dar enseñanza bíblica auténtica en ciertas ocasiones. También puede explicar por qué el mismo hombre que puede "derrumbar en el espíritu" dice en seguida a los oyentes que necesitan creer en Cristo para ser salvos.

Si preguntamos por qué Dios permite que una mezcla entre lo falso y lo verdadero pueda existir de esta manera, quizás incluso en la misma persona, solo podemos responder que lo hace para ponernos a prueba. Usted recordará que esta es la razón que Dios dio a los israelitas acerca de haber permitido que un profeta falso diera una profecía cierta: "Jehová vuestro Dios os está probando, para saber si amáis a Jehová vuestro Dios con todo vuestro corazón, y con toda vuestra alma" (Dt. 13:3).

HISTORIA BREVE DE LOS MILAGROS

Los milagros aparecen en todas las páginas del Nuevo Testamento. "Cuando nuestro Señor vino a la tierra trajo consigo el cielo", escribió B. B. Warfield en su libro clásico "Milagros fraudulentos".[3] Su argumento es que los milagros innumerables de Cristo, que pudieron haber llegado a los varios cientos, nunca se hicieron con el propósito de ser continuados a través de la era eclesiástica. Es cierto que los apóstoles también hicieron señales milagrosas, pero después de un tiempo los milagros desaparecieron de la cristiandad. Más bien, desaparecieron hasta que surgieron de nuevo unos siglos después como supersticiones escamoteadas. El folclor pagano, repleto con historias de milagros, se infiltró de forma casi imperceptible en la iglesia cristiana.

Al establecerse el cristianismo en Roma, entró a una cultura que ya estaba atiborrada de lo que podría llamarse un culto a la espiritualidad. La creencia en los dioses romanos significaba creencia en poderes milagrosos. Sin duda, la función primordial de los dioses, en opinión de los paganos, era beneficiar a los seres humanos. Warfield dice que "los hombres flotaban en un mundo de milagros como peces en el agua".[4] Cuanto más milagrosa sonara una historia, más era creída. Toda la población del Imperio Romano había sido atrapada en esta "red gigantesca de superstición".

Es interesante que entre los paganos se escuchaban historias de muertos que eran resucitados. En una era en la que el conocimiento médico era bastante limitado y abundaban las supersticiones, se creía que muchos enfermos graves habían muerto y resucitado al recuperarse. Si los cristianos aludían a los milagros para certificar su mensaje, los paganos no quedarían muy impresionados porque ellos también creían en sus propios milagros, incluso los relatos fantásticos de personas resucitadas.

En lugar de evitar estas historias de milagros, la iglesia cristiana hizo todo lo contrario y las incorporó en su práctica, al punto de convertirlas en parte de su propio folclor con ciertas licencias interpretativas. El nombre de Jesús comenzó a reemplazar los nombres de los dioses paganos, y en el nombre de Jesús se abrieron puertas, se derrocaron ídolos, se declararon inofensivos los venenos, se sanaron los enfermos y se resucitaron los muertos.[5] En una era supersticiosa, estas historias fueron aceptadas como parte de las obras milagrosas propias del cristianismo. Los relatos paganos acerca de milagros se comunicaban por vía oral, con descripciones fragmentarias y folclóricas del vulgo, y es triste que los cristianos hayan aceptado estas historias para contarlas de nuevo dentro de un contexto cristiano.

El hecho básico es que la función primordial de los milagros fue autenticar el mensaje de Cristo y de los apóstoles. Cristo siempre conectó sus afirmaciones con sus obras y demostró así que su intención no era sanar la mayor cantidad de personas posible, sino hacer una variedad de milagros que convencerían a sus discípulos y a los espectadores con mentalidad espiritual de que Él era sin lugar a dudas el Cristo. Los apóstoles también hicieron milagros y concedieron el don del Espíritu Santo. En algunos casos confirieron poder a otros con la imposición de manos, pero al morir esa generación, sus poderes milagrosos también se extinguieron.

¿Puede demostrarse que las Escrituras mismas enseñan que la era apostólica se caracterizó por los milagros y que el propósito de Dios no fue que continuara a través de la historia de la iglesia? Así lo creo. Pablo habló acerca de las señales de un apóstol: "las señales de apóstol han sido hechas entre vosotros en toda paciencia, por señales, prodigios y milagros" (2 Co. 12:12). Sí, los apóstoles tuvieron la autoridad para hacer esa clase de milagros, pero no existe evidencia contundente de que estos tuvieran que continuar en la misma intensidad.

El autor de Hebreos hace eco de la misma conexión entre el mensaje de Dios recién anunciado en aquel tiempo y las señales milagrosas: "una salvación tan grande... habiendo sido anunciada primeramente por el Señor, nos fue confirmada por los que oyeron, testificando Dios juntamente con ellos, con señales y prodigios y diversos milagros y repartimientos del Espíritu Santo según su voluntad" (He. 2:3-4). Los milagros confirmaban el mensaje y eran el testimonio de que había venido una nueva revelación de parte de Dios. Existe razón para creer que Warfield tuvo la razón al decir: "Su ocurrencia frecuente y abundante en la iglesia apostólica indica la riqueza de la era apostólica en cuanto a revelación, y al terminar este período de revelación también cesa el período en que suceden tantos milagros".[6] Dios nos dio su revelación una sola vez como un todo orgánico, y al cerrar esa revelación la era de los milagros también quedó como un capítulo cerrado. Juan Calvino lo dijo de manera muy acertada y relevante para la actualidad: "No es razonable pedir milagros o encontrarlos donde no haya un evangelio nuevo".

> LA SINGULARIDAD DEL CRISTIANISMO NO ES POR SUS MILAGROS.

Por supuesto, no todas las señales y prodigios de la actualidad son espurios, de Satanás o ajenos a la enseñanza bíblica en cualquier otro sentido. Es indudable que han ocurrido muchos milagros, "coincidencias" milagrosas y otros acontecimientos por el estilo, casi siempre como respuesta a las oraciones del pueblo de Dios. Es lamentable, pero también suceden milagros falsos que desvían y engañan. Mi ruego aquí tiene que ver con la necesidad de que ejerzamos el discernimiento y nos demos cuenta de que no todos los acontecimientos milagrosos provienen de Dios. Tampoco tenemos el derecho de esperar que se repitan los milagros abundantes y variados que se registran en las páginas del Nuevo Testamento.

Jesús advirtió: "Porque se levantarán falsos Cristos, y falsos profetas, y harán grandes señales y prodigios, de tal manera que engañarán, si fuere posible, aun a los escogidos" (Mt. 24:24). En otras palabras, no podemos ser demasiado cautelosos al juzgar acerca de milagros o podríamos terminar caer en uno de estos engaños terribles: atribuir las obras de Satanás a Dios, y por otro lado correr el peligro de atribuir a Satanás las obras de Dios. Cristo establece aquí que lo falso puede ser tan similar a lo verdadero que casi resulta imposible notar la diferencia.

CÓMO SEPARAR LO FALSO DE LO VERDADERO

El cristianismo es una religión sobrenatural. Estoy de acuerdo con el hombre de estado y misionero Hudson Taylor, quien dijo:

"Somos un pueblo sobrenatural nacido de nuevo por un nacimiento sobrenatural, el cual es mantenido por un Maestro sobrenatural de un libro sobrenatural. Somos guiados por un Capitán sobrenatural a través de senderos rectos y victorias aseguradas".[7] Ahora bien, la naturaleza de esos elementos sobrenaturales debe juzgarse conforme a las mismas Escrituras. Como es un hecho que muchos milagros son realizados por el "otro lado" del mundo sobrenatural, debemos tener en cuenta las advertencias de las Escrituras y tratar de discernir lo verdadero de lo falso.

Aquí presento algunos principios que espero sean de beneficio para usted.

El evangelio frente a los milagros

El poder del cristianismo se ve mejor en el evangelio y no en los milagros físicos. Pablo escribió: "los judíos piden señales, y los griegos buscan sabiduría; pero nosotros predicamos a Cristo crucificado, para los judíos ciertamente tropezadero, y para los gentiles locura; mas para los llamados, así judíos como griegos, Cristo poder de Dios, y sabiduría de Dios" (1 Co. 1:22-24).

Algunas personas enseñan que podríamos evangelizar con mayor eficacia si tuviéramos señales y milagros que autenticaran el mensaje. De hecho, el movimiento de la viña que comenzó en la década de los setenta, enseña que nuestras iglesias deberían caracterizarse por las sanidades, así como por las "palabras de conocimiento" y el hablar en lenguas. En el capítulo anterior hablamos acerca de aquellos que son "golpeados en el espíritu" y caen en la presencia de predicadores de televisión, se supone que bajo el poder del Espíritu Santo. También hay informes de visitaciones angélicas, predicciones de avivamientos próximos e historias personales en las que se habla de casi cualquier clase de "milagro" que uno pueda imaginarse.

Sin embargo, muchas de estas señales y prodigios son más compatibles con la espiritualidad extravagante de la cultura popular que con las enseñanzas de la Biblia. Por ejemplo, Peter Wagner presenta cinco pasos que deben seguirse al pie de la letra para obtener un milagro de sanidad. Al llegar al cuarto paso él dice: "Algunas veces los párpados se abren y cierran con mucha rapidez o una especie de aura rodea a la persona. En otros casos se dan manifestaciones diferentes".[8] Un escritor dice que al ser conferido este don, las manos del evangelista cambian de color y esto prueba que "la intercesión es poderosa y subió hasta el Papá celestial con el fin de recibir su aprobación... es que cada vez que mis manos se ponen moradas esto significa que hemos logrado establecer comunicación con la Realeza, y que nuestras intenciones han llegado hasta la cima".[9]

Los evangelistas son alentados a seguir el ejemplo de los que tienen el denuedo de "avergonzar a los espíritus" en anticipación de una noche de gran poder. El difunto John Wimber, quien comenzó el movimiento de la viña, dijo que los dos milagros más importantes que sirven para impresionar a los incrédulos son "caer por el poder del Espíritu y reparar dientes con calzas de oro".[10] Algunos de los profetas de la viña afirman incluso que "huelen" a Dios cada vez que las personas que quieren ser sanadas acuden a ellos, al mismo tiempo que las paredes de sus oficinas se vuelven transparentes y reciben visiones del pasado de la persona. Otros dicen que en un auditorio lleno aparecen nubes con el símbolo del dólar sobre la cabeza de personas que tienen problemas económicos. John Armstrong tiene mucha razón al escribir: "Se ofrecen cursos avanzados sobre sanidad como si fuera algún tipo de adiestramiento en las artes mágicas".[11]

> LOS MILAGROS NUNCA DEBEN TOMAR EL LUGAR DE NUESTRA RESPONSABILIDAD DE REPRESENTAR EL EVANGELIO DE LA CRUZ.

Esta metodología se mezcla bien con la superstición, la magia y las dimensiones espirituales propias del movimiento de la nueva era. No sorprende que Wimber defendiera la práctica de emplear reliquias medievales como parte de la sanidad. "En la iglesia católica durante un período de más de 1.200 años las personas se sanaban como resultado de tocar las reliquias de los santos. La mayoría de los protestantes tenemos dificultad para aceptar esto, pero nosotros los sanadores no tenemos ese problema porque sabemos que esto no implica una desviación teológica en absoluto".[12]

Sin embargo, debemos recordar que el cristianismo no es único y especial por motivo de los milagros. Alan Cole, quien ha servido a Cristo en muchas culturas diferentes, escribe lo siguiente sobre el movimiento de la viña:

> Ninguna de estas señales es algo nuevo para mí (sanidades, visiones, lenguas, exorcismos). El problema es que ya he visto todas estas cosas (sí, lenguas también) en religiones no cristianas, y esas señales no se diferencian en su apariencia externa excepto en que unas se hacen en el nombre de Jesús y las demás no. Por supuesto, si además de una señal la persona también respondía al evangelio, se daba un cambio real y duradero en su vida. Es por esa razón que no me emocionan las sanidades en sí mismas y entiendo con reverencia que Jesús las haya empleado de manera muy esporádica y que prefiriera estar a solas tan pronto la multitud se volvía muy numerosa.[13]

Tenga presente que "se publican testimonios de sanidad en todas las ediciones del 'Centinela de la ciencia cristiana'. Los musulmanes de Pakistán afirman que uno de sus santos reverenciados, llamado Baba Farid, ha sanado a personas de enfermedades incurables. Miles de hindúes afirman ser sanados cada año en el templo que ha sido dedicado a Venkatesuara en Tirupadí".[14]

CUANTOS MÁS MILAGROS REALIZABA CRISTO, MÁS SE INTENSIFICABA LA OPOSICIÓN CONTRA ÉL.

¿Necesitamos milagros para autenticar el evangelio?

Después de que Lutero publicó sus noventa y cinco tesis y se dio inicio al movimiento de la reforma, la iglesia católica presentó como argumentos en contra que sus estatuas habían comenzado a llorar y las reliquias se habían multiplicado de forma milagrosa, lo cual explica la existencia de miles de pedazos de madera que se suponía procedían de la cruz de Cristo. Además, Roma alegó que había confirmado ciertas apariciones de María y de Cristo. También ocurrieron sanidades milagrosas cada vez que los adoradores tocaban las reliquias de los santos. "¿Dónde están sus milagros?", parecía ser la pregunta afrentosa de la iglesia a los reformadores.

Por su parte, los reformadores insistían en que el evangelio contaba con su propio poder. Pablo escribió: "no me avergüenzo del evangelio, porque es poder de Dios para salvación a todo aquel que cree; al judío primeramente, y también al griego" (Ro. 1:16). Como se citó arriba, al llegar a Corinto el apóstol Pablo reprendió a los que buscaban señales, porque su convicción inflexible era: "Cristo poder de Dios, y sabiduría de Dios" (1 Co. 1:24).

Es interesante que ninguna iglesia del Nuevo Testamento sea juzgada por no hacer más señales y milagros. En lugar de esto, Pablo reprendió a las iglesias por presentar y aceptar un evangelio mixto (Gálatas), por una insistencia exagerada en los dones acompañados de un espíritu mundano (Corinto), así como en relación con el peligro de aceptar una visión gnóstica de Cristo (Colosenses). Las exhortaciones enérgicas de Cristo a las siete iglesias fueron doctrinales, morales o de los dos tipos.

En ningún lugar nos indicó el Señor que las iglesias necesitaran más señales y prodigios.

Por supuesto, debemos reconocer sin ambivalencia que Dios puede hacer milagros y de hecho los hace a diario, pero no es sabio enfocarse en ellos antes que en el mensaje del evangelio. Los milagros nunca deben tomar el lugar de nuestra responsabilidad de representar el evangelio de la cruz de Cristo.

Los milagros como actos redentores de Dios

Casi podemos escuchar la interpelación: "¿Acaso no tuvieron lugar cientos de señales y prodigios en la Biblia? ¿Por qué deberíamos creer que Dios ha decidido limitarse en esta época?" Como cierta persona me dijo: "Si Dios es el mismo ayer y hoy, ¿por qué sus obras no habrían de continuar en nuestros tiempos?"

Estas son preguntas razonables, por eso me gustaría comenzar con esta afirmación: "Sí, en la actualidad pueden darse señales y prodigios ya que no tenemos derecho alguno de limitar a Dios". Sin embargo, nuestra primera obligación es determinar cuál es el propósito bíblico de estos fenómenos y luego aplicar este parámetro para juzgar las aserciones contemporáneas al respecto. En la Biblia, las señales y los prodigios son actos redentores de Dios: "Envió señales y prodigios en medio de ti, oh Egipto, contra Faraón, y contra todos sus siervos" (Sal. 135:9). Por eso no debe sorprendernos que el Nuevo Testamento aplique esa expresión al ministerio de Cristo (Hch. 2:22; vea también 2:19; 4:30; 5:12). Juan llama aplica el nombre de señales a los milagros de Cristo, porque su propósito era llevar a las personas a creer que Jesús era el Cristo (Jn. 20:30-31).

Ahora bien, y esto es importante, no todas las señales y prodigios en la Biblia se consideran actos de la gracia de Dios. "Los magos egipcios copiaron a Moisés milagro por milagro", al convertir el Nilo en un río de sangre, en la producción de ranas y demás plagas semejantes.[15] No fue sino hasta se esperaba que los magos produjeran piojos del polvo de la tierra que estos se vieron obligados a admitir su fracaso (Éx. 8:18). Resulta interesante que estos "prodigios falsos" no son interpretados para nosotros en las Escrituras. La Biblia no nos dice si estos magos hicieron sus milagros por medio de un engaño audaz de su parte o por el poder de Satanás. Todo lo que sabemos es que estos hechiceros imitaron los milagros de Moisés e "hicieron lo mismo con sus encantamientos" (v. 5).

Aun las señales y prodigios que están registrados en las Escrituras fueron insuficientes para persuadir a no creyentes de creer en Cristo. El hecho es que cuantos más milagros realizaba Cristo, más se intensificaba la oposición a Él. En el día de Pentecostés Pedro habló a los oyentes acerca de Cristo y les dijo que Él fue "varón aprobado por Dios entre vosotros con las maravillas, prodigios y señales que Dios hizo entre vosotros por medio de él" (Hch. 2:22). No obstante, la mayoría de los concurrentes se abstuvieron de creer hasta que escucharon el evangelio de salvación de los labios de Pedro.

Quizás podamos resumir esto así: los milagros atestiguaban sobre la persona de Cristo a quienes estaban abiertos a la verdad e incluso los que tenían sus dudas (como Tomás) fueron afianzados como resultado de las señales milagrosas. En cambio, los escépticos o bien negaban los milagros, o los atribuían a Satanás. Esta es la mejor explicación de por qué Jesús realizaba milagros, para que algunos creyeran. Por otro lado, también se abstenía de hacer milagros para impresionar a los escépticos. Tampoco existe evidencia en la actualidad de que los no creyentes que ven milagros estén más dispuestos a creer en el evangelio.

Otra vez debo insistir en que yo no creo que las señales y los prodigios auténticos no puedan ocurrir en la actualidad ni tampoco que no sucedan en absoluto. No existen evidencias bíblicas contundentes para afirmar que el don de hacer milagros haya caducado, pero lo que sí sé es que tales milagros son de mucho menor importancia que el testimonio claro del evangelio y la búsqueda sincera de santidad. Sí, podemos creer que Dios puede hacer milagros hoy, pero no podemos exigirlos y tampoco podemos esperar que sucedan con regularidad. Por encima de todo, no podemos suscribirnos a la noción moderna de que sean necesarios para hacer evangelismo eficaz en una cultura que ya está bastante saturada con espiritualidad falsa y milagros fraudulentos de todo tipo.

No podemos superar lo dicho por Jesús mismo:

> *La generación mala y adúltera demanda señal; pero señal no le será dada, sino la señal del profeta Jonás. Porque como estuvo Jonás en el vientre del gran pez tres días y tres noches, así estará el Hijo del Hombre en el corazón de la tierra tres días y tres noches. (Mt. 12:39-40)*

Hoy día las multitudes apetecen señales pero no están dispuestas a creer la evidencia poderosa de la muerte y la resurrección de Cristo.

Ninguna promesa de sanidad instantánea

No existe promesa alguna de que podamos recibir un milagro (como es el caso de una sanidad) si tan solo tenemos la fe para recibirlo. El hecho de que Jesús sanó a tantas personas ha llevado a algunos a concluir que la sanidad divina es una prerrogativa de todos los cristianos. Algunos que practican la fe en la sanidad enseñan que la voluntad de Dios es que todos los cristianos sean sanos sin excepción alguna, todo el tiempo.

La teología de muchos que practican la sanidad en el movimiento de la fe supone que toda enfermedad es de Satanás, Cristo vino a derrotar a Satanás y por ende podemos ser sanados siempre que cumplamos las condiciones señaladas. En estas presuposiciones se incluye la noción cruel de que si uno no es sanado es por su propia culpa: falta de fe, falta de apropiarse de las promesas, y en algunos casos falta de buscar el don de lenguas.

No podemos calcular la devastación extensa que esta enseñanza falsa a traído a decenas de miles de creyentes sinceros que buscaron sanidad y no la encontraron. "¡Dios me ha abandonado!", decía una mujer con lágrimas mientras me contaba que estaba convencida de que la sanidad era suya pero que a causa de su falta de fe había sido rechazada por Dios. Ella representa las almas incontables de aquellos que han aceptado esta teología sin conocer sus fallas graves.

Pablo no fue sanado de su "aguijón en la carne" y llegó a entender que esta aflicción (quizás fuera malaria) era la voluntad de Dios para él en ese momento (vea 2 Co. 12:7-10).

Es cierto que en algunos pasajes de los evangelios Jesús hace responsables de la ausencia de milagros a las personas que rehusaban creer (Mt. 13:58), pero a escala personal Jesús nunca trató de sanar a una persona para después alejarse de ella como resultado de que no tuviera fe suficiente. En realidad, Él sanó a muchas personas conforme a su gracia y soberanía, sin exigir del beneficiado fe en absoluto, y es evidente que no existió un patrón fijo en el ministerio de sanidad de Jesús.

La promesa mejor conocida de sanidad divina se encuentra en Isaías 53, donde aprendemos que "por su llaga fuimos nosotros curados" (v. 5). Jesús recorrió la tierra y trajo sanidad a las personas "para que se cumpliese lo dicho por el profeta Isaías, cuando dijo: El mismo tomó nuestras enfermedades, y llevó nuestras dolencias" (Mt. 8:17). Pedro escribió: "quien llevó él mismo nuestros pecados en su cuerpo sobre el madero, para que nosotros, estando muertos a los pecados, vivamos a la justicia; y por cuya herida fuisteis sanados" (1 P. 2:24).

Algunos teólogos que son escépticos en cuanto a la sanidad divina se han esforzado en demostrar que la sanidad de la que se habla en estos pasajes es espiritual y no física. No obstante, el contexto en Mateo y lo que Pedro implica es que Cristo sí murió por nuestro cuerpo físico. De hecho, es coherente con las Escrituras afirmar que Cristo vino a redimir al hombre entero: su cuerpo, su alma y su espíritu.

Ahora bien, ¿significa esto que podamos tener sanidad física siempre que oremos y cumplamos todos los requisitos? La respuesta clara es no. Aunque Cristo murió por nuestro cuerpo tanto como por nuestra alma, no veremos el cumplimiento de ese aspecto de nuestra redención hasta que seamos resucitados en gloria. Cristo vino para redimirnos del pecado, pero nosotros no hemos dejado de tener una naturaleza pecaminosa. Él vino a destruir a la muerte pero nosotros todavía tenemos que morir. Él vino a redimir nuestro cuerpo pero eso no significa que hayamos dejado de estar expuestos a accidentes, venenos y la fragilidad de la carne. Nuestro cuerpo resucitado fue comprado por Cristo, pero en la actualidad el cuerpo que cuidamos con tanto esmero está sujeto a enfermedades de todo tipo. No hay duda alguna de que un día el último enemigo que es la muerte será derrotado por completo, pero todavía no hemos llegado a la meta.

> LA ORACIÓN FUE EL MEDIO QUE CRISTO UTILIZÓ PARA RECIBIR LA GRACIA Y EL PODER PARA HACER LA VOLUNTAD DE DIOS.

Debemos admitir con humildad que no hay promesas según las cuales podamos ser sanados siempre que queramos con el único requisito de que tengamos la fe suficiente. Si las hubiera, no tendríamos que morir hasta que el Señor regrese porque solo tendríamos que reclamar una y otra vez nuestra sanidad. No debería sorprenderlo que hoy día haya personas que creen que es posible tener una vida interminable con base en las promesas divinas. Un hombre a quien conocí y que ya murió, se había convencido de que viviría hasta que el Señor regresara, pero aun el curador por fe a quien más admiraba también ha fallecido.

Muchos de los que enseñan que la sanidad divina es de disponibilidad instantánea para los creyentes utilizan lentes correctivos, sufren de artritis y tienen implantados aparatos que los ayudan a oír mejor. Todas estas dolencias constituyen un testimonio elocuente de que en esta vida solo alcanzamos a ver el comienzo de la obra divina de redención. Sí, en algunas ocasiones Dios sana (y casi siempre tal como se vio en el ministerio de Cristo), pero aun en esos casos la sanidad no es más que una postergación temporal de la enfermedad y la muerte inexorables en el futuro. Ni siquiera las sanidades de Cristo en la tierra fueron permanentes y todas las personas que fueron sanadas por Él murieron tarde o temprano.

Esta incomprensión de las promesas bíblicas ha sido la fuente de muchas aflicciones en la comunidad cristiana. Las personas que reclaman su sanidad e insisten en que Dios tiene la obligación de cumplir sus promesas, casi siempre terminan con sentimientos de haber sido traicionadas. Al no suceder la sanidad, apuntan a estos versículos y dicen que en Dios no se puede confiar, o tratan de encontrar alguna otra razón, como incredulidad o pecado no confesado para explicar por qué no fueron sanadas. Como están convencidas de haber oído bien lo que Dios les ha dicho, casi siempre admiten que tienen la culpa para proteger la reputación divina.

Un escritor carismático admitió que la teología no bíblica acerca de la sanidad crea confusión y ocasiona heridas profundas en el corazón de las personas. Este hombre escribió:

> La teología incorrecta es un verdugo cruel porque tan pronto se van los maestros y evangelistas itinerantes, los pastores tienen que dedicarse a cuidar las heridas que han causado en las ovejas lastimadas por su palabrería. Por lo tanto, no podemos prescindir de una teología bíblica adecuada sobre la sanidad. Necesitamos una teología que considere los hechos sin rodeos ni excusas. Con frecuencia digo a mis estudiantes: "Si su teología no se ajusta a los

> hechos, cambie su teología". Después de todo, Jesús no es un científico cristiano.[16]

Sí, la teología incorrecta es un verdugo cruel.

La única ocasión en la que Cristo llegó a usar la oración como medio para escapar del padecimiento físico y espiritual tuvo lugar en el huerto de Getsemaní: "Abba, Padre, todas las cosas son posibles para ti; aparta de mí esta copa; mas no lo que yo quiero, sino lo que tú" (Mr. 14:36).

Cristo tenía todo el derecho de pedir lo que quisiera al Padre. ¿Por qué no insistió Él en ser eximido de la tortura inminente de la cruz? La respuesta es que fue la voluntad de Dios que Cristo sufriera. La oración de Getsemaní fue el medio que Cristo utilizó para recibir la gracia y el poder para hacer la voluntad de Dios. La oración tuvo el propósito de fortalecer a Cristo para pasar por esta prueba difícil que le fue asignada y no fue un medio para librarse de ella.

No vemos evidencia en el Nuevo Testamento de que alguien haya emprendido un ministerio de sanidad a través del cual se dispensara sanidad divina a quienes acudieran. En ciertas ocasiones Pedro y Pablo sanaron a los enfermos, pero se trató de milagros que contribuyeron a su ministerio de evangelismo y discipulado. Ellos nunca fueron conocidos como sanadores, sino como evangelistas que se ocupaban en hablar con hombres y mujeres acerca del Mesías.

Tengamos presente que Dios algunas veces sana el cuerpo pero siempre sana el alma de quienes se acercan a Él en humildad y fe. "Él sana a los quebrantados de corazón, y venda sus heridas" (Sal. 147:3). El mayor reto que tenemos es mantener en orden bíblico nuestras prioridades.

Podemos expresar gratitud porque el movimiento carismático nos ha animado a todos a esperar cosas más grandes de Dios, pero no nos atrevamos a elevar los llamados dones sobrenaturales por encima de la búsqueda de santidad personal, el evangelismo y el discipulado enfocado en la cruz de Cristo.

Con frecuencia he deseado que los sanadores por fe miren en las cámaras de televisión y digan a su audiencia: "Es mejor ser santos que ser sanos".

Los milagros benefician al pueblo de Dios

Dios en su gracia da lluvia y sol al justo y al inicuo por igual. En ese sentido se puede afirmar que Él bendice al mundo entero, pero también existen actos especiales de providencia y tiempos especiales en los que Dios interviene a favor de su pueblo.

Invitar a las personas a ser sanadas o recibir un milagro sin saber qué creen acerca de Cristo o cuál es su estilo de vida, es algo ajeno a la enseñanza de la Biblia. Yo asistí a un culto de sanidad con un sanador de la fe que según se suponía había sido usado por Dios para hacer milagros. Estaba lo bastante cerca a la plataforma como para preguntar a los que "reclamaron" su sanidad acerca de la experiencia, y en conversaciones posteriores me enteré que muchos en realidad no experimentaron milagro alguno a pesar de las afirmaciones del sanador.

Sin embargo, me pareció interesante la experiencia de un hombre que supuestamente fue sanado de sordera. Este hombre vino a la plataforma para "reclamar" su sentido del oído, y el evangelista hizo "pruebas" de sonido en los oídos del hombre mientras miles de personas aplaudían y se regocijaban por el milagro. No obstante, justo antes de que el hombre sanado bajara de la plataforma, el evangelista le preguntó: "A propósito, ¿es usted cristiano?" Su respuesta fue: "No, soy musulmán". En consecuencia, le pidieron que volviera a la plataforma para recibir una oración especial por su salvación.

Es obvio que Dios puede, si quiere, sanar a una persona de cualquier religión, pero el hecho es que yo no encuentro ejemplos de esto en las Escrituras. Los milagros no se realizan de forma indiscriminada, sin importar qué creen las personas o si en realidad sirven al Dios verdadero. Esto no quiere decir que todas las personas sanadas por Jesús fueran en el momento de su sanidad creyentes en Él como el Hijo de Dios, pero según tengo entendido esas personas sí creyeron en Él después de haber sido realizado el milagro.

Es por esta razón que yo creo que los dones de sanidad en el Nuevo Testamento tenían el propósito de ser ejercidos dentro del contexto de la iglesia local. En este modelo, las personas que necesitaban sanidad eran conocidas por los líderes, quienes a su vez determinaban el compromiso espiritual y el estilo de vida de aquellos por quienes oraban. Los apóstoles pudieron hacer milagros en Jerusalén y sus alrededores porque había grandes multitudes que habían creído que Jesús era el Mesías, pero en ninguna de las epístolas se mencionan cultos de sanidad en los que las personas fueran sanadas sin importar cuál fuera su religión y estilo de vida. Esta noción es ajena por completo al Nuevo Testamento.

Por lo general usamos la frase "don de sanidad", pero en tres ocasiones el apóstol Pablo usó el plural "sanidades" y "dones de sanidad" para referirse a una dotación especial de poderes milagrosos (1 Co. 12:9, 28, 30). Este uso del plural es una fuerte indicación de que se dieron aplicaciones diferentes a los dones de sanidad. Quizás, como sugiere D. A. Carson, no todos fueron sanados por una sola persona y ciertas personas con uno de estos dones podía sanar ciertas enfermedades o sanar una variedad de enfermedades en ciertas oportunidades. De esta manera, así alguien fuera sanado por los dones de una persona en una ocasión en particular, eso no significaba que el "don de sanidad" hubiera sido dado a un individuo para que se dedicara a un ministerio de sanidad de tiempo completo.[17] Es interesante que a pesar de que Pablo tuviera el don de sanidad, dejara a Trófimo enfermo en Mileto (2 Ti. 4:20). Es evidente que su don apostólico ni siquiera pudo ser usado en todas las situaciones.

No argumentaré, como algunos lo han hecho, que estos dones desaparecieron con la muerte de los apóstoles, aunque ya hemos demostrado que hubo una reducción precipitada en los milagros a partir del siglo segundo. Estoy de acuerdo en que Cristo, quien es el Señor de la iglesia, puede conceder esos dones de acuerdo con su voluntad incluso en la actualidad.

No obstante, es claro que estos dones debían ser ejercidos por el pueblo de Dios a favor del pueblo de Dios. Nada en la Biblia nos indica que estos dones y las bendiciones que les acompañan fueran para los que creían en lo que quisieran creer.

Los programas de televisión como "Tocado por un ángel" reflejan la noción cultural de que Dios hace milagros por las personas sin importar qué creen y cómo viven. También aprenderemos que los milagros en lugares sagrados perpetúan la misma idea. Esto es tan importante que en un capítulo posterior consideraremos el tema en mayor detalle.

La oración y la voluntad de Dios

Dios hace milagros en la actualidad como respuesta a la oración y de conformidad con su propia voluntad.

> *¿Está alguno entre vosotros afligido? Haga oración. ¿Está alguno alegre? Cante alabanzas. ¿Está alguno enfermo entre vosotros? Llame a los ancianos de la iglesia, y oren por él, ungiéndole con aceite en el nombre del Señor. Y la oración de fe salvará al enfermo, y el Señor lo levantará; y si hubiere cometido pecados, le serán perdonados. Confesaos vuestras ofensas unos a otros, y orad unos por otros, para que seáis sanados.* (Stg. 5:13-16)

No se puede interpretar a Santiago como si dijera que un creyente siempre será levantado por el Señor, porque en ese caso lo lógico sería que todos los creyentes estaríamos en capacidad de evitar toda enfermedad y hasta la muerte. La respuesta a esta oración depende de "la oración de fe", que se refiere a casos específicos en los que Dios decide conceder a los ancianos unidos una fe especial para creer en la restauración del individuo. En otros casos es posible que no reciban esa fe a pesar de sus oraciones en unidad. Esta acción divina de "levantar" a la persona solo tiene lugar cuando Dios concede el don de fe para esa situación en particular. Para nosotros es imposible fabricar o producir esa clase de fe por cuenta propia.

Nótese también la conexión entre la sanidad física y la confesión de pecados. Aquí también tenemos un argumento potente contra la idea de que la sanidad esté a disposición de todos sin excepción ni requisitos. En mi propia experiencia Dios levanta algunas veces a las personas como respuesta a la oración y otras veces no. Al fin de cuentas, debemos dejar todo esto en sus manos. Como Jesús mismo oró: "hágase tu voluntad" (Mt. 26:42).

Los milagros en el nombre de Jesús y para la gloria de Dios sí tienen lugar en la actualidad, pero si vamos a "examinarlo todo" como Pablo nos dice (1 Ts. 5:1), debemos estar dispuestos a investigar para determinar si la experiencia se ajusta a los criterios bíblicos. Podemos estar bastante seguros de que los milagros hechos en el nombre de Jesús son para aquellos que han aceptado a Jesús como su Salvador y Señor, y que viven en obediencia a su voluntad.

Que Dios nos ayude a mantener siempre el equilibrio divino: "No apaguéis al Espíritu. No menospreciéis las profecías. Examinadlo todo; retened lo bueno. Absteneos de toda especie de mal" (1 Ts. 5:19-22).

NOTAS

Algunas porciones de este capítulo aparecieron por primera vez en el libro *Siete milagros convincentes: Cómo entender las afirmaciones de Cristo en la cultura actual* [Seven Convincing Miracles: Understanding the Claims of Christ in Today's Culture], por Erwin W. Lutzer (Chicago: Moody, 1999).

1. Periódico Chicago Sun-Times, 12 de octubre de 1998, p. 11.
2. Helen Schuchman, *A Course in Miracles* [Curso sobre milagros] (Glen Ellyn, Illinois: Foundation for Inner Peace [Fundación para la paz interior], 1992), p. viii.
3. B. B. Warfield, *Counterfeit Miracles* [Milagros fraudulentos] (Londres: Banner of Truth, 1918), p. 3.
4. *Ibíd.*

5. *Ibíd.*, p. 20.
6. *Ibíd.*, p. 26.
7. Hudson Taylor, citado por K. Neil Foster, *Sorting Out the Supernatural* [Cómo clasificar lo sobrenatural] (Camp Hill, Pensilvania: Christian Publications, 2001), p. 8.
8. Peter Wagner, *How to Have a Healing Ministry Without Making Your Church Sick!* [Cómo tener un ministerio de sanidad sin enfermar a su iglesia] (Ventura, California.: Regal, 1989), p. 228; citado por John H. Armstrong, "In Search of Spiritual Power" [En búsqueda de poder espiritual], en el libro editado por Michael Scott Horton, *Power Religion: The Selling Out of the Evangelical Church?* [La religión del poder: ¿Se ha traicionado a sí misma la iglesia evangélica?] (Chicago: Moody, 1992), p. 74.
9. Bob Jones, "Visions and Revelations" [Visiones y revelaciones]; cinta grabada, 1989; citado por John H. Armstrong, "In Search of Spiritual Power" Power Religion [En búsqueda de poder espiritual], p. 75.
10. John Wimber, citado por C. Peter Wagner, *The Third Wave of the Holy Spirit* [La tercera ola del Espíritu Santo] (Ann Arbor, Michigan: Servant, 1999), p. 96; en el capítulo de John H. Armstrong, "In Search of Spiritual Power" Power Religion [En búsqueda de poder espiritual], p. 76.
11. John H. Armstrong, "In Search of Spiritual Power" Power Religion [en búsqueda de poder espiritual], p. 76.
12. John Wimber, Church Planting Seminar [seminario para plantar iglesias] (3 cintas grabadas, 1981); citado por John Goodwin en Media Spotlight [en la mira de los medios] (1990), p. 24; en el escrito de John H. Armstrong, "In Search of Spiritual Power" [En búsqueda de poder espiritual], *Power Religion* [La religión del poder], pp. 76–77.
13. Alan Cole, *The Southern Cross* [La cruz sureña] (abril de 1987), p. 13 (sus cursivas); citado por D. A. Carson en "The Purpose of Signs and Wonders in the New Testament" [El propósito de las señales y los prodigios en el Nuevo Testamento], en *Power Religion* [La religión del poder], p. 95.
14. Don Carson, "The Purpose of Signs and Wonders in the New Testament" [El propósito de las señales y los prodigios en el Nuevo Testamento], *Power Religion* [La religión del poder], p. 95.
15. *Ibíd.*, p. 94.
16. Charles Farah, "A Critical Analysis: The 'Roots and Fruits' of Faith-Formula Theology" [Un análisis crítico: Las 'raíces' y el 'fruto' de la teología basada en la fórmula de fe], en el libro editado por D. A. Carson, *Showing the Spirit: A Theological Exposition of 1 Corinthians 12–14* [La demostración del Espíritu: Una exposición teológica de 1 Corintios 12 al 14] (Grand Rapids: Baker, 1987), p. 177.
17. D. A. Carson, *Showing the Spirit* [La demostración del Espíritu], pp. 39–40.

6

CÓMO JUZGAR EL ENTRETENIMIENTO

¿Qué tanto de Hollywood deberíamos permitir en nuestro hogar?

¿Cómo reaccionaría usted si alguien entrara sin permiso a su casa y secuestrara a sus hijos? Tal vez diga: "Bueno, gracias a Dios eso no va a suceder, nuestras puertas siempre están bien cerradas, el sistema de alarma funciona y la policía está siempre disponible para atrapar a los delincuentes". Además, usted estaría dispuesto a morir para proteger a los suyos.

¿Qué reacción tendría si le dijera que los niños, incluidos los niños en los hogares cristianos, son robados desde el mismo interior de su hogar? El enemigo atraviesa las puertas cerradas y las ventanas selladas. Aunque el cuerpo de cada uno de los niños queda en casa, su corazón ha sido cautivado para servir a otros amos. Su lealtad es transferida a lo que el apóstol Pablo llamó "el dios de este siglo" (2 Co. 4:4).

Más sorprendente todavía es que muchos padres son cómplices de estos ladrones, en algunos casos sin darse cuenta. Cooperan con su apoyo y participación en el plan de guerra del enemigo. Si los hijos mayores de veinte años son raptados, podemos argumentar que tenían edad suficiente para valerse por sí mismos, pero los niños pequeños entre los doce y trece años son cautivados por el enemigo mientras sus padres se mantienen ocupados en vivir su propia vida conforme a lo que dicten sus agendas.

En este capítulo entramos al dominio gobernado por el dios de este mundo. Aunque el contenido de este capítulo será aceptado por muchos, me pregunto cuántos cambiarán su estilo de vida como resultado de leer este material. Quienes ya han mordido el anzuelo de la industria del entretenimiento tendrán dificultad para separarse de las cosas que corroen el alma. A decir verdad, todos estamos en peligro de capitular ante el dios de este mundo.

¿Quiénes son estos ladrones que vienen a captar el corazón de nuestros hijos y ya controlan el corazón de muchos adultos? Nuestros valores y actitudes o bien son elevados o son destruidos. Si la educación no es para nuestro bien, tarde o temprano será para perjuicio nuestro. Si Hollywood hace películas con sexo y violencia que se supone solo deben ser vistas por adultos, los productores saben que los adolescentes las verán. En efecto, 80 por ciento de los adolescentes menores de diecisiete años dicen que han visto sin problema alguno películas para adultos.[1] Estas películas, sin importar su clasificación y contenido, contribuirán a formar su opinión acerca de lo que constituye una conducta sexual normal. Las películas influenciarán actitudes con respecto a la integridad, la violencia y los valores, así que a través del mundo artificial creado por los productores, se liberan sentimientos reales y muy fuertes.

Mientras se encuentran en la sala de cine, los adolescentes reciben una educación efectiva acerca de cómo tratar a las personas del sexo opuesto, cómo vestirse, el valor de la vida, y qué es importante en el mundo. Las clasificaciones son absurdas, en primer lugar porque los productores expanden cada vez más el límite de lo permitido y siempre quieren imponer su propia definición de decencia. En segundo lugar, porque incluso una película de clasificación familiar puede tener temas de rebelión, ocultismo y moralidad cuestionable. De hecho, el sistema de clasificación de películas ha contribuido a la caída en picada de la moral. Todo lo que un productor tiene que hacer es obtener una clasificación familiar para niños mayores de 13 años, y después puede producir lo que le plazca. Larry Poland de *Mastermedia* habla así de la junta clasificadora: "Dejaron el cuidado de las gallinas a la zorra".

"Queremos que las personas se rían del adulterio, la homosexualidad y el incesto", dijo un libretista, "porque la risa rompe cualquier resistencia contra estas cosas". Piense en esto: más de la mitad de la población menor de 18 años ha visto películas de clasificación X y 25 por ciento trató de imitar lo que vieron pocos días después de haber visto el material.2 No sorprende que niños de doce años traten de abusar de otros niños. Un programa de televisión dedicó toda una hora a insistir en este punto: "Si usted es un adolescente y no tiene relaciones sexuales, es probable que sea homosexual! ¡Piense en los mensajes destructivos que se envían a nuestros hijos!

Además de la inmoralidad y la violencia, muchos programas de televisión se dedican ahora a fomentar el ocultismo. Estos programas son presentados y protagonizados por brujas y adivinos que hacen despliegue de sus hechizos y su magia. Puesto que el ocultismo ejerce ahora tanta influencia por medio de los medios y la cultura en general, todo un capítulo se dedicará al tema en este libro.

Por otro lado tenemos la música *rap* con sus letras sucias, lenguaje obsceno e imágenes sexuales violentas. Estas palabras y sentimientos se incrustan en la mente de los adolescentes. Son palabras e imágenes cargadas de valores e impulsos inmorales pero de alguna manera se acomodan en muchos corazones. Muchos de los mayores de edad como yo no tenemos ni idea de las obscenidades e ideas que se comunican a través de este medio poderoso. Cada año se venden varios millones de producciones de música rap y muchas contienen las imágenes más vulgares, degradantes, explotadoras y violentas que uno pueda imaginarse.

> EL NIVEL DE HOSTILIDAD Y ANTIPATÍA CONTRA LA RELIGIÓN EN LA INDUSTRIA DEL ENTRETENIMIENTO ES MUY EVIDENTE.

Piense en lo que significa el hecho de haber permitido que estas influencias entren en los hogares de esta nación. Nos sorprendemos cada vez que los adolescentes cometen delitos, ¿pero debería ser una sorpresa? En el siglo dieciocho, Andrew Fletcher, un patriota escocés que se oponía a la unión, pronunció esta frase famosa: "Si a un hombre se le permite escribir todas las baladas, no tiene por qué importarle quién escribe las leyes de la nación".[3]

La cadena de videos musicales MTV, con su marcada inclinación a las imágenes sexuales de todo tipo, es decir, con cualquier persona y en cualquier momento, es sintonizada fielmente por millones de adolescentes que se identifican con las imágenes y las expresiones sexuales fuertes que les presentan las 24 horas del día. Gracias a los medios, lo que antes un niño sentía a los diecisiete, ahora lo siente a los doce años. Muchos hombres que se han esclavizado a la pornografía dicen que fueron iniciados en ella entre los doce o trece años, y una vez embarcados en el sendero tenebroso de las fantasías sexuales, descubrieron que sentían tanto gusto como asco por lo que hacían. Sin embargo, por mucho que trataran no podían liberarse de una o más clases de adicción sexual.

Las precauciones y restricciones de generaciones pasadas han desaparecido. A las mujeres jóvenes les avergüenza admitir que son vírgenes. Los hombres explotan a las mujeres y ridiculizan a quienes mantengan ciertos parámetros de decencia. La desviación sexual se ha vuelto una parte tan integral de nuestra sociedad que los padres no pueden confiar en los profesores de sus hijos y los niños no pueden confiar en otros niños. Por eso no sorprende el informe del centro para el control de enfermedades, según el cual ocurren cuarenta mil nuevos casos de enfermedades por transmisión sexual cada día en los Estados Unidos.

La red global de información, con toda su potencialidad para el bien, también ha abierto la puerta a la pornografía y toda clase de inmundicia. Justo esta semana una madre cristiana me dijo que su hijo había comenzado a interesarse en la pornografía infantil y ahora está en la cárcel por actuar conforme a lo que vio. Un hombre cristiano dio su testimonio a un grupo de veintiocho hombres en un estudio bíblico, acerca de la manera como Dios lo había librado de la pornografía en la red informática. El hecho es que sabemos cuánto nos afecta lo que vemos, y también que las cosas van a ponerse peor, no mejor.

> NO ESTAMOS INDEFENSOS SI NOS ATREVEMOS A SER CREATIVOS Y VALIENTES.

No podemos culpar de todo esto a Hollywood y los productores de pornografía. Ellos prosperan porque existe un mercado para sus productos. Lo que hacen es apelar a nuestros instintos más bajos porque saben que los seres humanos tienden a recorrer el sendero de menor resistencia. Tan solo se aprovechan de nuestra naturaleza caída y explotan nuestra inclinación a satisfacer nuestros deseos. Les resulta bastante lucrativo destruir la decencia a todo nivel. Recuerdo las palabras de G. K. Chesterton, quien dijo que la falta de significado no viene como resultado de cansarse de sufrir tanto, sino por hastiarse del placer.

Si usted cuenta con que ellos asuman parte de la responsabilidad, no se lo puedo garantizar. A la industria del entretenimiento no le importan otros valores aparte de los suyos. Su única motivación es el lucro económico, y su objetivo es hacer caer en la trampa a su hijo para que quede adicto a la música, al sexo, a la pornografía y a la violencia de los medios. De esta manera, pueden contar con que se convierta en uno de sus clientes por el resto de su vida.

El crítico de cine Michael Medved dice que el nivel de hostilidad y antipatía contra la religión en la industria del entretenimiento es muy evidente. Los productores desdeñan a cualquiera que se adhiera a los valores bíblicos e incluso a lo que se puede llamar "valores familiares". Si hay cristianos en los medios, casi siempre se representan como hipócritas e indignos de respeto o consideración seria. ¿Por qué no aceptamos el hecho de que casi todos los que producen entretenimiento no son amigos nuestros, sino personas avariciosas que buscan por todos los medios riqueza y fama?

Estos son, pues, los monstruos que entran a nuestro hogar y roban el corazón de nuestros hijos. Bajo el nombre artificioso de "entretenimiento", niños, adolescentes y adultos ven, escuchan y sienten la fuerte influencia de una ráfaga incesante de valores e imágenes degradantes. Muchos niños buenos de hogares cristianos y no cristianos por igual corren peligro, porque enfrentan a diario el bombardeo de los medios que tiene la intención de llevarlos por una gran variedad de senderos destructivos.

NUESTRA PARÁLISIS

Si la situación sea así solo en parte tan mala como la he presentado, ¿por qué no hacemos algo al respecto? No me refiero a marchas en Hollywood o boicoteos de teatros, aunque estas cosas podrían tener cierta eficacia. El hecho es que tenemos que hacer algo si en algo nos importan nuestros hijos y nietos.

¿Por qué no actuamos?

En primer lugar, hemos negado la realidad. Sabemos que el problema está allá afuera, pero como parece tan abrumador pensamos que si nos limitamos a mirar en la dirección opuesta, desaparecerá. Los padres están intimidados y temen lo que sucederá si tratan de ejercer algún grado de autoridad sobre sus hijos. Esperamos que, si oramos, Dios de alguna manera protegerá a nuestros niños y jóvenes. En nuestro corazón abrigamos la esperanza de que de alguna forma inexplicable ellos no serán influenciados por lo que ven. Es un deseo infructuoso.

> TAN PRONTO EL PECADO TOMA CONTROL, LA PROTECCIÓN PROPIA Y LA SATISFACCIÓN INDIVIDUAL SE CONVIERTEN EN NUESTRA OCUPACIÓN Y PREOCUPACIÓN PRINCIPAL.

Al final de este capítulo, daré sugerencias específicas sobre lo que puede hacerse por nuestros hijos, y por nosotros. No estamos indefensos si nos atrevemos a ser creativos y valientes. No podemos someternos al enemigo y al mismo tiempo mantener la esperanza de que ganaremos la batalla. Hay demasiado en la balanza y lo que es más, somos representantes del Dios Todopoderoso. Él no nos ha dejado impotentes para resistir y sobreponernos a los ataques del mundo.

En segundo lugar, nosotros como adultos somos culpables. No queremos ser demasiado estrictos con nuestros hijos por temor de tener que tragar nuestras propias palabras. Cierto hombre que vio a su hijo de doce años fascinado con las fotografías del ejemplar de la revista deportiva con todas las modelos en traje de baño, no le pudo decir una sola palabra porque él pagaba la suscripción a la revista y también había pasado mucho tiempo entretenido con las fotografías. Por eso preferimos creer que no hay por qué alarmarse. Hemos perdido nuestra autoridad moral porque sabemos en lo profundo de nuestro corazón que somos tan vulnerables a los deseos de este mundo como nuestros hijos.

Pienso ahora en el padre que dijo: "Mi hijo está trastornado por el *rock* pesado y los videos sexuales de MTV que ha visto desde pequeño. A mí no me pueden culpar de sus problemas porque yo nunca estoy en casa".[4] Así que en lugar de asumir la responsabilidad como padres, retrocedemos y buscamos excusas mientras esperamos los mejores resultados. Los padres cristianos creen que pueden ver pornografía y violencia sin problemas con esta justificación: "Solo miro lo que hacen, pero yo nunca lo haría".

En tercer lugar, no entendemos la batalla. No nos damos cuenta de que nuestro enemigo real no es Hollywood, ni los productores de pornografía, ni los que escriben música vulgar. Podríamos enfrentarnos a esas fuerzas y ganar, pero al entrar en el territorio de Satanás estamos en un combate mano a mano. Ese es el mundo en el que reina y allí ejerce su poder y reclama dominio total. De hecho, estoy seguro de que Satanás tuerce el mismo texto bíblico para afirmar que como es el "dios de este mundo", los cristianos no tienen derecho alguno de acercarse a su territorio. El enemigo peleará con nosotros a muerte, nuestra muerte. Mas podemos vencerlo, y debemos hacerlo.

SOMETER A PRUEBA LO QUE ENTRA A NUESTRO HOGAR

Veamos: ¿Cuánto de Hollywood deberíamos permitir que entre a nuestro hogar? ¿Dónde trazamos la línea y cómo podemos ayudar a nuestros hijos a labrar surcos derechos en un mundo torcido? Permítame presentarle tres pruebas que nos ayudarán a decidir qué es apropiado y qué no lo es. Todo el material que pase estas tres pruebas podrá permitirse en su hogar y en el mío.

Ha llegado el tiempo de aplicar medicina fuerte, pero esta medicina, si así vamos a llamarla, viene directamente de las Escrituras. En realidad no tenemos el derecho de acomodarnos al espíritu de este siglo si queremos que esta oración sea contestada en nosotros mismos y nuestras familias: "todo vuestro ser, espíritu, alma y cuerpo, sea guardado irreprensible para la venida de nuestro Señor Jesucristo. Fiel es el que os llama, el cual también lo hará" (1 Ts. 5:23-24).

Es muy hipócrita que una persona se ría de algo que enoja a Dios. Seremos hipócritas si vemos y participamos en aquello que entristece a nuestro Señor. O bien aceptamos el parámetro de Dios, o nos dejaremos arrastrar por el poder seductor del mundo.

La prueba del contenido

Nuestra primera prueba tiene que ver con el contenido y consiste en preguntarnos si aquello que puede entrar en nuestro hogar, trátese de una película, video o material en la red informática, agrada o no al Señor.

SATANÁS NO RESPONDE A LA DULZURA DE LA RAZÓN.

> *No améis al mundo, ni las cosas que están en el mundo. Si alguno ama al mundo, el amor del Padre no está en él. Porque todo lo que hay en el mundo, los deseos de la carne, los deseos de los ojos, y la vanagloria de la vida, no proviene del Padre, sino del mundo. Y el mundo pasa, y sus deseos; pero el que hace la voluntad de Dios permanece para siempre.* (1 Jn. 2:15-17)

Santiago insiste en lo mismo: "¡Oh almas adúlteras! ¿No sabéis que la amistad del mundo es enemistad contra Dios? Cualquiera, pues, que quiera ser amigo del mundo, se constituye enemigo de Dios" (Stg. 4:4). Tan solo imagine: "Si elegimos al mundo como nuestro amigo, convertimos a Dios en nuestro enemigo. Todos los días estamos en la obligación de decidir a quién serviremos".

¿Cuál es este mundo que somos advertidos a no amar?

En primer lugar, Juan se refiere a "los deseos de la carne", es decir, los apetitos sexuales prohibidos que cubren un rango amplio de expresiones: pornografía, adulterio, homosexualidad, lujuria y cosas semejantes.

En segundo lugar, "los deseos de los ojos" también puede incluir los estímulos sexuales indebidos, pero la médula de esta expresión es la codicia, es decir, el deseo de aquello que no es nuestro. La industria de la publicidad sabe que puede contar con que vamos a querer lo que otros tienen, por eso tratan de hacernos sentir insatisfechos con todo, desde la pasta dental hasta los automóviles. Quieren que sintamos tanta insatisfacción por lo que tenemos, que vamos a preferir la marca promovida por ellos.

Juan también menciona el orgullo o "la vanagloria de la vida", que puede definirse como egocentrismo y concentración del individuo en sí mismo. En esencia, amar al mundo es rendir culto a la diosa del ego, es decir, nuestra tendencia a satisfacer deseos legítimos de la forma incorrecta. Tan pronto el pecado toma control, la protección propia y la satisfacción individual se convierten en nuestra ocupación y preocupación principal.

¿Qué piensa Dios de estas tres expresiones de nuestra naturaleza caída? Al hablar de la persona que sigue estos caminos, Juan dice: "el amor del Padre no está en él". Como se citó arriba, Santiago lo dice en términos todavía más fuertes, y afirma que amar al mundo es convertirse en enemigo de Dios.

Todos hemos tenido la experiencia de ver un programa de televisión no apto para menores, y si hemos sido sensibles al Espíritu Santo, casi podemos sentir que nuestro amor por Dios se sale como agua derramada de nuestra alma. Tenemos una sensación interna de impureza, la convicción de que hemos violado el deseo supremo de Dios para nosotros. Peor todavía, somos conscientes de que aquel a quien amamos ha sido entristecido por nuestra acción.

¿Por qué es tan serio el amor al mundo? Si amamos el pecado no solo amamos lo que Dios aborrece, amamos lo que puso a Jesús en la cruz. Supongamos que su hijo fuera asesinado. ¿Guardaría usted el cuchillo que lo asesinó en un estuche especial para que pudiera ser admirado? ¿Diría a sus amigos: "Miren el filo que tiene, ¡qué simetría más hermosa!" De igual modo, si amamos el pecado amamos lo que mató a Jesús.

Usted debe darse cuenta de que Satanás está detrás de este ataque contra los valores bíblicos. El primer caso de violencia en la Biblia fue satánico. Caín mató a Abel, y para identificar al homicida el Nuevo Testamento dice: "que era del maligno" (1 Jn. 3:12). La inmoralidad de las personas antes del diluvio fue resultado de una conspiración satánica. De hecho, parece que los espíritus inspiraban de forma activa toda clase de conductas inmorales tan perversas que ahora están confinados al tártaro ("infierno", 2 P. 2:4). Así también hoy día estamos en medio de un gran conflicto satánico.

Satanás no responde a la dulzura de la razón y no juega conforme a las reglas, por eso no se dejará vencer sin una pelea. Su intención es gobernar este mundo y ahogarlo en sensualidad y rebelión. Está determinado a que nosotros como cristianos nos convirtamos en socios involuntarios de su agenda. La información por sí sola nunca nos cambiará. Pida a cualquier persona, así sea cristiana, que abandone los pecados que alimentan sus deseos, y se verá enfrascado en una batalla encarnizada. Quizás la razón por la que creemos que el parámetro bíblico es demasiado alto es que hemos caído muy bajo.

¿Qué tanto de Hollywood debería usted permitir la entrada a su hogar? Sométalo a la prueba del contenido: ¿Enciende mis impulsos innatos por los deseos de la carne, los deseos de los ojos o la vanagloria de la vida? ¿Es esta la clase de música o película que vería si invitara a Jesús a cenar conmigo?

Al final de este capítulo daré algunas sugerencias prácticas así como orientación espiritual que podría ser útil para contrarrestar el ataque diabólico. La guerra por la mente de esta generación puede ser ganada, solo tenemos que estar dispuestos a librarla en muchos frentes.

La prueba del control

Richard Price dijo en el programa de opinión *Movieline*: "Lo único más poderoso que las drogas son las películas".[5] Por supuesto, si una película pasa la prueba del contenido podremos permitirle la entrada a nuestro hogar, pero aun así tiene la capacidad potencial de controlar nuestra vida y entorpecer nuestra relación con Dios.

Pablo estableció así la prueba del control: "Todas las cosas me son lícitas, mas no todas convienen; todas las cosas me son lícitas, mas yo no me dejaré dominar de ninguna" (1 Co. 6:12). Al parecer, esta fue la respuesta de Pablo a una frase popular que se empleaba para justificar ciertas prácticas inmorales, pero la adapta para decir que así algo nos sea permisible, esto no lo hace correcto o deseable en sí mismo. Cualquier cosa que nos controle es pecado. Existe una forma de libertad que en realidad es esclavitud.

Como hombres, tenemos dificultad para mirar un solo canal, y mientras recorremos todos los que tengamos disponibles, con mucha frecuencia nuestros ojos se enfocan en escenas sensuales. Nos encanta decir que tenemos control de lo que vemos y podemos cambiar a cualquier canal que queramos. Sí, controlamos tan bien el control remoto que con un solo botón podemos pasar en un instante del canal noticioso al del desfile en traje de baño. Siempre nos engañamos a nosotros mismos con las mentiras que queremos creer.

Conozco a algunos hombres que permanecen absortos con los deportes. Están obsesionados con el fútbol, el baloncesto o el béisbol, o los tres. Aunque los deportes podrían pasar la prueba del contenido, el hecho es que esa concentración exclusiva puede interferir con la relación personal con Dios. Richard Keyes tenía razón al escribir: "Un ídolo es algo dentro de la creación que se infla a tal punto que funciona como un sustituto para Dios. Una gran variedad de cosas son ídolos potenciales: un ídolo puede ser un objeto físico, una propiedad, una persona, una actividad, un papel, una institución, una esperanza, una imagen, una idea, un placer, un héroe, etcétera".[5]

Si tan solo definimos la idolatría como aquello que nos dé más satisfacción que Dios, todos nosotros somos idólatras de una u otra clase. En realidad, pero esta es la idolatría que más detesta Dios porque Él no quiere que en nuestra vida haya algo más grande que Él. Es innegable que si llenamos nuestra vida de entretenimiento, por muy bueno y constructivo que sea, cada vez encontraremos menos tiempo para concentrarnos en las cosas más importantes. A Dios le duele que dejemos de considerarlo satisfactorio para nosotros.

> CUANTO MÁS TIEMPO TENGAMOS, MÁS "COSAS" EMBUTIMOS EN LOS ESPACIOS DISPONIBLES.

Si usted cree que está en control de su televisor y su centro de entretenimiento casero, demuéstrelo y no lo encienda durante una semana. Puede enterarse de las noticias con el periódico o la radio. El hecho es que la televisión forma una parte tan grande de nuestra vida que muchos de nosotros tenemos dificultad para dejar de mirarla así sea por poco tiempo. No sabremos si somos adictos a la televisión hasta que tratemos de dejar de verla. Con razón un amigo mío, después de varios intentos fallidos, optó por cortar el conector eléctrico de su televisor. Sabía que esta era la única esperanza para terminar su fascinación con el "monstruo de un ojo".

Respondamos con sinceridad la pregunta: ¿Estamos en control del entretenimiento al que permitimos la entrada en nuestra vida? ¿O estamos motivados, quizás hasta obsesionados, con la necesidad de películas, música o la red informática? Recuerde que aun lo bueno puede ser enemigo de lo mejor.

La prueba del reloj

¿En qué consiste la prueba del reloj? "Mirad, pues, con diligencia cómo andéis, no como necios sino como sabios, aprovechando bien el tiempo, porque los días son malos" (Ef. 5:15). Suponga que una película pasa la prueba del contenido e incluso la prueba del control. Es posible que todavía no estemos en libertad de disfrutarla.

Al decir Pablo que debemos vivir "aprovechando bien el tiempo", la frase griega se refiere a que debemos redimir el tiempo. Es decir, debemos pagar lo que sea para sacar nuestro tiempo del mercado de valores del mundo. Hay tantas demandas externas por nuestro tiempo en la actualidad, que nos resulta necesario hacer el esfuerzo consciente de sacar tiempo para las cosas que importan a Dios.

Hace muchos años mi esposa y yo estuvimos en Europa oriental, y veíamos que las personas tenían que hacer fila para comprar los alimentos, quizás una hora para comprar carne, luego otra hora para conseguir un pedazo de pan, etcétera. Nos informaron que la familia promedio enviaba a uno de sus miembros a ponerse en la fila unas tres horas al día tan solo para comprar los víveres básicos. Algunos de los cristianos nos dijeron cuán afortunados éramos porque como vivíamos en Norteamérica ¡teníamos mucho más tiempo para orar y servir a Dios!

Claro, en realidad no funciona así, ¿o estoy equivocado? En mi experiencia, la tecnología no nos ha dado más tiempo para servir a Dios, pues cuanto más tiempo tengamos, más "cosas" embutimos en los espacios disponibles. Es lamentable que el desarrollo de nuestra relación con Dios y su pueblo se trate muchas veces como algo marginal, sin importar cuánto tiempo libre nos permita gozar nuestra sociedad tecnológica.

Tratemos de responder estas preguntas difíciles: ¿Estamos

satisfechos con la manera como pasamos nuestro tiempo el año pasado? Evaluemos cuál fue el fruto de nuestra inversión por la cantidad de horas que nos sentamos frente al televisor durante los últimos doce meses. ¿Acaso el tiempo pasado allí nos hizo personas mejores? ¿Mejoró en alguna medida nuestro carácter? Imagine cómo seríamos si hubiéramos pasado todo ese tiempo, por ejemplo, en la lectura de nuestra Biblia y una participación activa en la satisfacción de las necesidades en nuestra comunidad.

Me rompe el corazón ver la manera como muchas personas jubiladas pasan sus últimos años. He conocido a muchos que se sientan frente al televisor día tras día y año tras año. Un hombre que se hastió de la televisión decidió que le gustaría hacer algo por Jesús antes de morir. Lo que hizo fue conseguir en su iglesia una lista misionera y escribió cartas personales a setenta misioneros. Se mantuvo en comunicación con cada uno de ellos, oró por ellos y pasó sus años de la manera más provechosa.

Recordemos que el Señor no dirá: "bien hecho, buen siervo y fiel, ¡porque has mirado 5.312 horas de televisión!" Solo recibimos una oportunidad para triunfar o fracasar en esta vida. El paso de una sola hora significa que esa hora nunca podrá recuperarse, por eso debemos preguntarnos: ¿Cómo quiero pasar los contados años y horas que tengo en este planeta, si sé que tendré que rendir cuentas al Señor por ello?

Con estas preguntas en mente, estamos en mejor posición para decidir cuánto de Hollywood deberíamos permitir en nuestro hogar.

CÓMO TOMAR LAS DECISIONES DIFÍCILES

Al saber que nos enfrentamos a un poder mucho más grande que nosotros mismos, debemos armarnos con la oración y dar los pasos necesarios para limitar, si acaso no eliminar la influencia de la industria del entretenimiento en nuestra propia vida y la de nuestros hijos. Tenemos que respetar nuestro hogar, el lugar donde se forman actitudes y se desarrollan estilos de vida.

Estos son algunos comentarios generales antes de pasar a asuntos más específicos.

1. *Debemos limpiar nuestra propia vida antes de que podamos ayudar a otros.* Cada uno de nosotros debe tomar una decisión de la conciencia: ¿De qué aspecto del mundo quiere el Señor hacerme libre? Como he mencionado al comienzo de este libro, no podemos impedir que otros mueran ahogados si nosotros mismos hemos naufragado. Nuestra necesidad más grande es vivir una vida íntegra y recta en lo personal, es decir, asegurarnos de que nuestro propio hogar esté limpio y organizado. Solo así podrá llenarse con la bondad que Dios ha implantado en la vida de aquellos que creen.

Muchas veces me he preguntado por qué los cristianos que se quejan tanto sobre el contenido de la televisión pasan tanto tiempo en fiel sintonía. Por eso tenemos que responder: ¿Estamos dispuestos a cancelar nuestra suscripción a la televisión por cable? ¿Estamos dispuestos a imponernos límites estrictos y rendir cuentas a los demás? ¿Podemos prescindir de la televisión durante una semana? ¿Qué tal dos semanas?

Los que no tenemos hijos en casa debemos ser fuertes para bien de las familias que los tienen. Tenemos que alcanzar más allá de nosotros mismos y ayudar a los demás por medio del diálogo, el cuidado personal y la oración. Juntos tenemos que aceptar el reto de ser puros en medio de esta cultura impura.

2. *Debemos establecer ciertos parámetros familiares.* "Los padres que dan a sus hijos un criterio claro sobre lo bueno y lo malo, los capacitan para tomar las mejores decisiones personales y morales a lo largo de su vida".[7] Estos parámetros deben ser objetivos, no basados en preferencias personales. Los niños argumentarán que

solo porque a usted no le gusten los videos de Madonna o las películas de terror, eso no significa que sean cosas malas para los que pueden "apreciarlas". Debemos ayudar a los niños a darse cuenta de que nuestros parámetros están basados en principios bíblicos absolutos y no en el gusto personal.

Ken Myers dice que la influencia cultural del tiempo presente podría ser más destructiva para el cristianismo que la persecución física. Este escritor dice: "Los enemigos que vienen de manera ruidosa y visible son más fáciles de enfrentar que aquellos que no pueden detectarse... La erosión del carácter, la corrupción de placeres inocentes y el abaratamiento de la vida misma que casi siempre caracterizan la expansión de la cultura popular moderna, pueden ocurrir de forma tan sutil que llegamos a creer que nada ha sucedido en realidad".[8] Nuestra insensibilidad al parámetro de Dios es prueba de cuánto nos hemos desviado.

3. *Debemos hablar con nuestros hijos acerca de lo que ven y escuchan.* Así usted no tenga un televisor en su casa, puede estar seguro de que sus hijos han sido expuestos de uno u otro modo a los "ladrones" que hemos descrito. Tenemos que escuchar las canciones, leer las letras y ver las películas. Las personas jóvenes se rebelan tan pronto anunciamos de repente que en adelante las cosas van a ser diferentes. Si usted no entiende el mundo al que se han acostumbrado, edúquese a sí mismo.

¿Acaso como padre tengo que exponerme a estas impurezas? ¿Tengo que escuchar la perversión de las referencias sexuales, el diálogo y la música? La respuesta es sí. Después de todo, si usted no puede soportar esa influencia, ¿cree que sus hijos la deberían recibir?

Por favor no piense que esta es una contradicción de las "pruebas" que he descrito en este capítulo. Por supuesto, sería preferible que nunca tuviéramos que escuchar música indecente ni ver películas degradantes, pero si su hijo lo hace más le vale a usted como padre familiarizarse con lo que su hijo escucha y ve a diario. Como Josh McDowell dice: "Reglas sin relación conducen a rebelión".

La comunicación con los adolescentes acerca de toda clase de temas es absolutamente necesaria si esperamos guiarlos por este mundo hacia un amor genuino a Dios. Debemos hablar con ellos acerca de la televisión y de sus intereses. Debemos entrar en su mundo para ganar credibilidad, debemos conocer el terreno en el que se mueven y debemos aprender a disfrutar de su compañía y divertirnos juntos.

NO CIERRE SU BIBLIA HASTA QUE RECIBA ALGO QUE LLENARÁ SU ALMA DURANTE ESE DÍA.

Debemos afirmar a nuestros hijos como individuos.[9] Solo después de haberlos escuchado y de haber ganado su confianza podremos responder algunas de sus objeciones a nuestras creencias. Esté preparado para declaraciones como estas: "Pues bien, las palabras suenan inmorales pero eso no es lo que quiso decir el artista"; o "Tienes que entender que solo es una película y no la realidad"; o "Tú sabes que lo que las personas aceptan están cambiando constantemente, así que el problema simplemente es que tú perteneces a otra generación". Debemos ayudar a nuestros hijos a "encontrar la mentira" en todo lo que ven y oyen.[10]

De una vez le digo que las advertencias negativas por sí solas no funcionan. Usted puede advertirlos, amenazarlos y condenarlos pero ellos no dejarán de seguir sus deseos e impulsos. Cuanto más los condene, mayor será su atracción hacia su propio mundo secreto de sensualidad. Usted debe demostrar en su propia vida que la vida con Cristo es satisfactoria al máximo. Las buenas razones pueden hacer que una persona cambie de parecer, pero nunca cambiarán el corazón.

Sus convicciones deben transmitirse con palabras y acciones no enjuiciadoras, para que el menor sienta que puede discutir sus anhelos, tentaciones y temores más profundos. Si sabe de antemano que será condenado, su corazón se cerrará en lugar de abrirse a lo que usted tiene que decir.

Además de esto, exprese su preocupación e interés con ejemplos concretos de su propia vida para demostrarles cómo usted ha caído en tentación y qué lecciones (a veces amargas) aprendió como resultado. Me asombra la manera en la que nosotros como padres muchas veces esperamos que nuestros hijos vivan conforme a parámetros que nosotros mismos no hemos mantenido. Algunos padres no han dejado de fallar en la misma área donde exigen el éxito por parte de sus hijos. Cuanto más realistas seamos en cuanto a nuestras propias luchas y pecados, con mayor seguridad nuestros hijos creerán que somos auténticos y confiables. Nos respetarán en lugar de clasificarnos como personas idealistas que no les pueden entender.

Por supuesto, cualquier menor de edad explotará al máximo las incoherencias. El padre que prohíbe a su hijo mirar una película para adultos pero se sienta en su casa a mirar indecencias o arrienda películas para adultos, lo único que logra es menoscabar su propia autoridad moral. Son tantos los hijos que se apartan de la fe y caen en el mundo en picada, que me pregunto si es que Dios quiere dar una lección a los padres. Quizás es debido a sus propias incoherencias, o porque los padres creyeron que sus regaños, amenazas y advertencias podían cambiar al hijo. Recordemos siempre que no podemos cambiar a los demás. Podemos orientar a los hijos hacia el sendero correcto, pero al llegar a su mayoría de edad deben tomar la decisión de hacer suyas las convicciones de sus padres.

4. *Dé algunos pasos prácticos.* De acuerdo con Robert DeMoss, el 60 por ciento de todos los adolescentes tienen un televisor en su habitación, donde pueden ver toda la programación que quieran sin supervisión, restricción ni responsabilidad.[11] Yo estoy de acuerdo con su recomendación de que ningún niño tenga televisor en su habitación. Es importante que la televisión se ubique en un lugar

amplio y público de la casa, donde pueda vigilarse lo que ve cualquier miembro de la familia. De este modo, sus hijos no podrán ver televisión sin que usted sepa lo que miran y hacen.

5. *Los que tengan niños pequeños deben establecer reglas desde temprana edad.* Bloquee canales como MTV, pero utilice videos educativos y divertidos que suministren al niño una dieta balanceada de valores buenos y positivos. Prepare a sus hijos para el hecho de que usted no siempre estará en capacidad de protegerlos por completo de influencias como la música rap y la pornografía.

Por ejemplo, mientras unos adolescentes husmeaban en un basurero, encontraron una colección de material pornográfico. Hicieron visitas regulares al lugar hasta que comenzaron a comportarse de manera extraña. Sus padres se dieron cuenta y al interrogar a los muchachos se enteraron de la verdad. La acción incorrecta al respecto habría sido avergonzarlos o hacerlos sentir como si hubieran cometido el pecado imperdonable. Debemos recordar que la vergüenza solo se procesa en la mente mientras que el corazón se enfoca en el pecado mismo.

Los jóvenes ya habían sentido vergüenza y culpa. Su madre fue sabia y los ayudó a procesar su culpa y a entender la atracción natural que sentían hacia esa clase de material, así como sus peligros inherentes. Lo más importante que hizo fue ayudarlos a entender el perdón y la limpieza que tenían disponibles en Cristo. Ella sabía, como cualquier madre debería saberlo en el mundo de hoy, que esta tal vez no sería la última vez que verían cosas como estas, bien fuera de forma accidental o intencional.

Explique a sus hijos cómo serán tentados. Dígales que serán expuestos a imágenes que estimularán su curiosidad y sus propios deseos sexuales. Ayúdelos a entender que a pesar de que esos deseos son dados por Dios, tratar de satisfacerlos a través de la pornografía conducirá a una distorsión del designio perfecto de Dios para la vida de cada uno de ellos.

Como a todo el mundo le gusta sentir que tiene poder en su vida, suministre poder a sus hijos para que sean capaces de salir de la casa de una amistad donde se presenten películas o programas inapropiados, o donde se ingieran bebidas alcohólicas al igual que otras prácticas semejantes. Nuestros hijos necesitan nuestro apoyo y capacitación para dar al espalda a las tentaciones del mundo.

6. *Practique las disciplinas espirituales.* Ore, ore, ¡ore! Aprenda de la Palabra de Dios porque ella guardará su corazón y su mente en Cristo Jesús. No cierre su Biblia hasta que reciba algo que llenará su alma durante ese día. Yo fui bendecido con padres que oraron por mí con mucha frecuencia. Además, como pastor he tenido compañeros de oración que interceden por mí y saben que necesito de su apoyo y oraciones. Debemos acudir a personas dentro de la iglesia para que oren por nosotros y les rindamos cuentas.

En el año 1635 un jeque árabe conocido como "Farras el jinete" se desplazaba por el desierto con un tropel numeroso de caballos. De repente vio en la distancia un oasis. Los caballos sedientos comenzaron una estampida y se apresuraron a llegar al agua. Farras puso a prueba la obediencia de los animales al hacer sonar su corneta con el llamado a la batalla. De ese gran rebaño, solo cinco animales se detuvieron al instante, dieron la vuelta y regresaron de inmediato para obedecer el llamado. Según cuenta la historia, estas cinco yeguas conformaron la cepa de la exclusiva raza de caballos árabes que es famosa en todo el mundo.

Nuestra nación también galopa a una con la mirada puesta en un espejismo distante. También muchos en la iglesia han decidido participar en la carrera azarosa del entretenimiento que consume nuestro tiempo y enfría nuestro amor por Dios. El Todopoderoso ha sonado la alarma y busca con anhelo a unos cuantos que vuelvan a Él la mirada y se mantengan firmes en su causa sin importar cuán alto sea el precio de enfrentar las tentaciones y los retos de nuestra cultura.

¿Seremos contados entre los que responderán a su llamado?

NOTAS

1. Robert G. DeMoss Jr., *Learn to Discern* [Aprenda a discernir] (Grand Rapids: Zondervan, 1992), p. 9. (Muchas ideas en este capítulo acerca de cómo controlar los medios de comunicación en nuestro hogar proceden de este libro tan útil).
2. *Death by Entertainment: How the Media Manipulates the Masses* [Morir a punta de entretenimiento: cómo los medios manipulan a las masas] (Hemet, California: Jeremiah Films, 2000), cinta de video.
3. Andrew Fletcher of Saltoun, "An Account of a Conversation Concerning a Right Regulation of Government for the Good of Mankind. In a Letter to the Marquis of Montrose" [Registro de una conversación acerca de la regulación correcta del gobierno para el bien de la humanidad. En una carta al marqués de Montrose] (1704); en Political Works [Obras políticas] (1732), parte 7.
4. DeMoss, *Learn to Discern* [Aprenda a discernir]
5. *Death by Entertainment* [Morir a punta de entretenimiento].
6. Richard Keyes, citado por Dunn en *Surviving Friendly Fire* [Cómo sobrevivir un lanzallamas amistoso] (Nashville: Thomas Nelson, 2001), p. 76.
7. DeMoss, Learn to Discern, p. 86.
8. *Ibíd.*, p. 89.
9. *Ibíd.*, p. 100.
10. *Ibíd.*, p. 103.
11. *Ibíd.*, p. 108.

7

CÓMO JUZGAR LAS APARIENCIAS

¿Cuál es la relación entre belleza y felicidad?

¿Cuán atractivo tiene que ser usted antes de tener derecho a "sentirse bien con usted mismo"? ¿Qué puede esperar si nació con una apariencia bastante común o con una incapacidad física? ¿Existe una conexión entre belleza y felicidad?

Nuestra cultura responde estas preguntas de forma decisiva: "Más le vale verse atractivo si quiere ser considerado como alguien digno de aceptación y espera quedar felizmente casado. Si tuvo la desgracia de haber llegado al planeta tierra sin el don de la belleza, más le vale hacer algo al respecto si no quiere ser lanzado al bote de desperdicios de la humanidad. No importa quién sea usted, sino cómo se ve".

"Nadie notó mis buenas calificaciones y todos mis logros, hasta que me puse implantes", dijo una mujer. "Ahora los hombres se fijan en mí. Supe que no podría ser feliz hasta que fuera hermosa".

"Para mí la cirugía plástica fue como convertirme a una nueva religión, porque en realidad me exigió la misma clase de compromiso y sacrificio", observa una mujer mayor de treinta años. A pesar de esto, ella dice que "valió la pena", porque ahora puede ver su cuerpo personalizado, moldeado tras un sinnúmero de cirugías. "Es mi cuerpo, así que puedo hacer con él lo que quiera... si quiero verme de cierto modo, tengo todo el derecho de verme así".

Se habla ahora de una nueva droga que se puede inyectar para fines cosméticos, y muchos predicen que arreglará por arte de magia el rostro de los norteamericanos. Esta nueva droga promete que un día todos trataremos las arrugas como tratamos ahora los dientes disparejos o descoloridos: como una cosa del pasado. Esta droga se ha vuelto tan popular entre los actores que ha causado problemas para algunos directores que se quejan de lo difícil que es encontrar a un actor que pueda hacer expresiones naturales de enojo. Es una droga especial para los que rehúsan envejecer.

Estamos inundados con programas de dieta que no se promueven tanto por razones de salud, sino para tener un cuerpo hermoso para sentirnos "bien con nosotros mismos". A pesar de los beneficios obvios del ejercicio físico, lo cierto es que muchas personas lo utilizan con el fin de obtener un cuerpo más esbelto y atractivo. Estoy de acuerdo con que debemos comer bien, hacer ejercicio y tener buena presentación personal, pero me opongo a la insistencia continua de nuestra cultura en dar importancia a la belleza física por encima de los asuntos más fundamentales del espíritu.

Algo anda muy mal con nuestros valores si muchas mujeres jóvenes se dejan morir de hambre por tratar de ser delgadas. La obsesión de "verse bien" es tan grande que muchos se desconectan de la realidad y se vuelven incapaces de procesar información con un mínimo de objetividad. Están tan enfocados en moldear su cuerpo que se ven a sí mismos de forma diferente a los demás. Conocí a una mujer tan delgada que estaba al borde de la desnutrición, pero cada vez que se miraba en el espejo se convencía de que tenía sobrepeso.

En nuestro mundo obsesionado con la imagen, muchas personas jóvenes mueren a diario en el altar de la flacura.

Anorexia se ha vuelto un término descriptivo de estos tiempos. Significa desnutrición en medio de la abundancia. Siete millones de niñas y jóvenes norteamericanas y un millón de niños y jóvenes norteamericanos luchan con algún tipo de desorden alimenticio. Las mujeres en especial se obsesionan con su peso y quedan atrapadas en la anorexia con desesperación y odio hacia ellas mismas. De todas las enfermedades psiquiátricas, este desorden tiene la tasa de mortalidad más alta. Peter Rowan escribe:

> La anorexia es un problema propio de la civilización occidental y en particular de las personas prósperas. Es como morirse de sed mientras llueve a cántaros. La anorexia es tanto el resultado de como una protesta en contra de la regla cultural de que las mujeres deben ser hermosas. Al principio la joven lucha por ser delgada y bella, pero como siempre ocurre, la anorexia adquiere vida propia y le destruye. Con su conducta anoréxica esta joven dice al mundo: "Miren cuán delgada soy, mucho más delgada de lo que querían que fuera. No pueden obligarme a comer más porque yo estoy en control de mi destino, así mi destino sea morir de hambre".[1]

Como las mujeres saben que los hombres pueden ver mejor de lo que ellas pueden pensar, llevan sobre sí una carga insoportable en una cultura que solo es capaz de emitir juicios superficiales. "Para las mujeres, la importancia de la belleza física por encima de la inteligencia está en proporción de cien a uno", dice el doctor en psicología Rex Beaber.[2]

¿Quién debe culparse por esta obsesión con la apariencia física? Es cierto que parte del problema es que la televisión y las películas han magnificado este parámetro falso de belleza. Las telenovelas presentan a las personas más bellas del mundo que corresponde al 1 o 2 por ciento de la población mundial que nació con una confluencia maravillosa de genes. El resto de nosotros, más del 90 por ciento, no calificamos para representar esos papeles.

> VALORAR EL CARÁCTER DE UNA PERSONA ES MUCHO MÁS DIFÍCIL QUE EVALUAR SU APARIENCIA.

En años recientes se presentan programas de "la vida real" donde hombres y mujeres jóvenes se conocen por primera vez y en contadas horas tratan de determinar si cuentan con las bases necesarias para un futuro romance. Como puede esperarse, las personas a quienes se permite participar en el programa deben tener una belleza extraordinaria, lo cual perpetúa el mito de que las primeras impresiones son confiables y que la atracción física es el fundamento de su elección. Tales parámetros superficiales para el romance destruyen las expectativas emocionales de los adolescentes.

Bob DeMoss señala que a los publicistas les conviene que usted recuerde su mensaje fastidioso de "¡todavía no estás a la altura!" cada vez que se mira en el espejo. Por supuesto, la respuesta que ofrecen es algún arreglo de la apariencia física. La industria de los cosméticos ha inventado una nueva manera de embellecer. ¡Ay de los que no aprovechen estas "oportunidades"! Estos anuncios reducen a las mujeres a lo que Madonna llamó "un juguete para los chicos".[3]

En un mundo obsesionado con el sexo, no debería sorprendernos que la cultura esté embriagada con imágenes del cuerpo humano y el culto a la belleza. Si usted no se ve bien en vestido de baño pierde el concurso, y tendrá que contentarse con ser tratado como ciudadano de segunda clase. Si una adolescente no se ve como Jennifer López o si un joven no tiene las facciones de Brad Pitt, se considera defectuosas a esas personas y destinadas a una vida de rechazo y vergüenza. Con razón esta nación tiene lo que James Dobson llama "una epidemia de inferioridad".

Chuck Swindoll escribe acerca de los sentimientos con que lucha una adolescente al compararse con este parámetro falso:

> Cada grano diminuto en el rostro es para ella un síntoma de que la lepra está a la vuelta de la esquina. ¿Qué decir de la ropa? Es la razón de su ataque de nervios a diario. Además, aunque tiene un cuerpo que todavía no decide su forma definitiva, los jóvenes de la escuela o del comercial de televisión y los avisos de revista parecen tramar algún tipo de conspiración secreta para convencer a esta joven antes serena y despreocupada de que es gorda y fea, porque si no se somete a los dictados de la moda quedará condenada a una vida de vergüenza pública.[4]

Ahora bien, no pensemos que los adolescentes son los únicos que sienten la presión de superar una medida inalcanzable de belleza. Muchos adultos también están envueltos en un torbellino de apariencias. La cirugía cosmética es una industria que genera miles de millones de dólares porque personas de todas las formas y tamaños quieren arreglarse el cuerpo aquí y allá con la esperanza de evitar el rechazo con el que se trata a todos los que no califican. Como dice Dobson: "Reservamos nuestra alabanza y admiración para unos cuantos seleccionados que han sido bendecidos desde el nacimiento con las características físicas que más apreciamos".[5] Todos respondemos de forma diferente a un bebé tierno y hermoso que a uno de aspecto común o poco atractivo. Desde edad muy temprana los niños saben si son o no apreciados por su físico. El niño atractivo ve el mundo como un lugar lleno de amor y aceptación, mientras que el "patito feo" ve el mundo como un lugar cruel y lleno de rechazo.

¿Por qué esta obsesión con las apariencias? Nacemos con un deseo dado por Dios de sentir que importamos, y como anhelamos tanto la aprobación de los demás, tratamos de cumplir sus criterios de aceptación. Además, en una cultura donde la belleza se premia por encima de los logros personales y el carácter individual, las personas están dispuestas a hacer todo lo necesario para satisfacer esos requisitos. En nuestro tiempo la belleza se ha convertido, como Dobson dice, en "moneda corriente para determinar la dignidad y el valor de todo ser humano". Si disfrutamos el mirarlo a usted su valor subirá, pero si deja mucho que desear tenga por seguro que amanecerá desvalorizado.

Valorar el carácter de una persona es mucho más difícil que evaluar su apariencia. Como somos impacientes con el proceso de llegar a conocer a una persona y sus sueños, valores e ideas, si no tiene rostro y cuerpo bellos y simétricos, si las curvas se han vuelto ángulos y la nariz es demasiado grande en comparación al resto de la cara, es alguien que no nos interesa conocer. Gústenos o no, todos somos juzgados conforme a este criterio del mundo.

¡Qué superficial!

Este culto a la belleza es injusto para los niños atractivos porque reciben atención exagerada sin considerar con objetividad su carácter. Las jóvenes atractivas son buscadas y manipuladas por hombres a quienes solo les interesa satisfacer sus propios apetitos sexuales. No es exagerado afirmar que la belleza puede ser una maldición, el boleto a una vida dedicada a valores superficiales y sensualidad.

Por supuesto, estos parámetros son injustos con la gran mayoría de la población que no se ajusta a los criterios mundanos de belleza. Dobson escribe: "Cuán injusto es recompensar a un niño por algo que no ha ganado y peor todavía, destruir a otro por circunstancias que están fuera de su control".[6] Como cualquier niño sabe, las personas corrientes no ganan concursos de belleza, las niñas sin belleza espectacular no son escogidas para las coreografías en los eventos deportivos, y los que tienen aspecto regular tienen menos amigos y tal vez nunca puedan casarse.

> NO PODEMOS PROGRESAR EN NUESTRO CAMINAR CON DIOS SI NO APRECIAMOS Y APRENDEMOS A SENTIRNOS AGRADECIDOS Y CÓMODOS CON NUESTRA APARIENCIA.

Ningún ataque es tan destructivo como el ataque contra un individuo en su esencia como persona. La imagen personal define en gran parte quiénes somos. Si a usted le pueden convencer de que es un espécimen inferior de la humanidad, si cree que tiene un aspecto tan desagradable que nunca podrá ser amado o amada, terminará escondido en el caparazón de su propia negatividad y nunca se sentirá en libertad de hacer algo significativo para Dios. El niño "no bienaventurado" no puede explicar su condición ni defenderse. Tal como se ve, así es.

Como cristianos debemos vivir conforme a un criterio muy diferente. Debemos declarar la guerra a los valores superficiales de nuestra cultura y marchar al ritmo de otro tambor. Tanto en la crianza de nuestros hijos como en el trato a las personas que conocemos, debemos juzgar a los demás con arreglo a un parámetro mejor. Este capítulo pretende responder preguntas importantes que nos ayudarán a discernir un equilibrio entre el cuidado adecuado del cuerpo y la importancia debida del carácter. Trataremos de responder preguntas como:

¿Qué papel deberían cumplir las características físicas en la definición de nuestra identidad?

¿La cirugía plástica es siempre algo indebido?

¿Qué decir de la perforación del cuerpo para ponerle aretes, anillos y tatuajes?

¿Cómo podemos usar nuestro cuerpo para la gloria de Dios?

¿Qué podemos hacer para contrarrestar los valores superficiales de nuestra cultura?

Como cristianos nos oponemos a la noción de Platón según la cual la carne es mala en sí misma y el cuerpo no es más que la prisión del alma. Debido a la caída, el pecado nos ha contaminado en cuerpo, alma y espíritu, pero en nuestra redención final seremos restaurados por completo y esto incluye al cuerpo. Por esa razón Pablo oró: "Y el mismo Dios de paz os santifique por completo; y todo vuestro ser, espíritu, alma y cuerpo, sea guardado irreprensible para la venida de nuestro Señor Jesucristo" (1 Ts. 5:23).

Aunque el alma y el cuerpo se separan al momento de la muerte, esta separación no puede ser permanente. Al morir se honra el cuerpo humano al colocarlo en la tierra como una semilla, con la seguridad de que algún día se levantará a una vida nueva. En el momento de la resurrección, nuestro cuerpo se unirá al alma y al espíritu para que podamos ser completos e íntegros. Lejos de menospreciar el cuerpo humano, la Biblia le concede siempre su honra e importancia debidos. El mismo Hijo de Dios fue encarnado en un cuerpo humano que Él tiene ahora en el cielo y tendrá para siempre.

VISIÓN BÍBLICA DEL CUERPO

La descripción bíblica es simple y profunda a la vez: "Entonces Jehová Dios formó al hombre del polvo de la tierra, y sopló en su nariz aliento de vida, y fue el hombre un ser viviente" (Gn. 2:7). El hombre fue creado de la tierra para que pudiera relacionarse con esta existencia terrenal, pero también fue creado con un espíritu para poder comunicarse con Dios. Este acto de creación es el punto de partida para una visión bíblica del cuerpo.

Dios creó el cuerpo humano

La aceptación de nosotros mismos tal como Dios nos creó es esencial para nuestro sentido de bienestar y desarrollo espiritual. Hasta las personas bellas de las que hemos hablado tienen ideas erróneas y dudas sobre sí mismas cada vez que se miran en el espejo. Todos nos hemos preguntado dónde estaba Dios en el momento en el que fuimos formados. No podemos progresar en nuestro caminar con Dios si no apreciamos y aprendemos a sentirnos agradecidos y cómodos con nuestra apariencia.

El fundamento de esta aceptación propia es el conocimiento indudable de que fuimos creados por Dios, formados de acuerdo con sus especificaciones en el vientre de nuestra madre.

Porque tú formaste mis entrañas;
Tú me hiciste en el vientre de mi madre.
Te alabaré; porque formidables, maravillosas son tus obras;
Estoy maravillado,
Y mi alma lo sabe muy bien.
No fue encubierto de ti mi cuerpo,
Bien que en oculto fui formado,
Y entretejido en lo más profundo de la tierra.
Mi embrión vieron tus ojos,
Y en tu libro estaban escritas todas aquellas cosas
Que fueron luego formadas,
Sin faltar una de ellas.

(Sal. 139:13-16)

No hay duda alguna de que sin importar su tamaño, el feto es considerado por Dios como un ser humano, porque así consideró al profeta Isaías antes de su nacimiento: "Jehová me llamó desde el vientre, desde las entrañas de mi madre tuvo mi nombre en memoria" (Is. 49:1). Sí, el profeta afirmó que Dios lo formó en el vientre materno (44:24). Es importante que entendamos las implicaciones de la intervención directa de Dios en nuestra creación .

Esta doctrina de la creación significa que nacemos con lo que Bill Gothard llama "características inalterables" porque no tenemos control alguno sobre ellas.[7] Ciertas cosas básicas fueron escogidas por Dios, y debo aceptarlas como parte de su providencia amorosa y sabia en mi vida. Si Él hubiera querido que nos viéramos como Cindy Crawford o Robert Redford, nos habría creado con ese aspecto, pero si optó por no hacerlo así debemos contentarnos con su elección.

¿Cuáles son algunas de esas "características inalterables"?

En primer lugar, las peculiaridades de nuestro cuerpo son dadas por Dios. Por supuesto, los niños tienen cierto parecido a sus padres, pero debemos recordar que Dios también creó a nuestros padres. A través de ellos, Dios determinó su estatura, el color de sus ojos, sus pies, su cabello, su capacidad auditiva y muchas cosas más. Tal vez queramos mejorar o cambiar algunas de esas características de la mejor manera posible (por ejemplo, cambiar el color del cabello es quizás lo más fácil de hacer), pero la materia prima es un punto de partida invariable. Debemos decir: "Gracias Padre, acepto mis características como algo que proviene de tu mano sabia y amorosa".

¿Acaso nuestra obsesión moderna con el mejoramiento indiscriminado de nuestros rasgos físicos una rebelión latente contra Dios? Cierto aviso de periódico decía: "Con gusto le presentamos ojos con los usted quisiera haber nacido" ¿Acaso es exagerado decir que si Dios hubiera querido que naciéramos con ojos de color diferente, nos los habría dado? No quiero decir que la cirugía cosmética sea siempre un error o que esforzarse en tener un cuerpo esbelto sea pecaminosidad. Más bien, afirmo que la motivación vana que acompaña con frecuencia esas "mejoras" es incompatible con la voluntad y el propósito del Creador.

En segundo lugar, nuestra constitución racial que incluye el color de nuestra piel también fue determinada por Dios. La historia del mundo ha sido marcada por guerras motivadas por diferencias raciales. En ciertos casos una raza cree que merece ser servida por la otra y este conflicto trae como resultado sentimientos indebidos de inferioridad y superioridad. La enseñanza implícita de las Escrituras es que nadie debe rechazar su trasfondo racial, porque la raza es una dádiva de Dios a la familia humana. Bienaventurados los que están contentos con su complexión innata y no desean imponerla sobre otros ni se sienten inferiores o condenados a causa de su mixtura racial.

En tercer lugar, Dios determinó nuestras limitaciones, defectos y deformidades. Tan pronto Moisés se quejó acerca de tener que regresar a Egipto como líder del pueblo porque no tenía la facilidad del habla (pudo tratarse de algún impedimento físico), Dios declaró: "¿Quién dio la boca al hombre? ¿O quién hizo al mudo y al sordo, al que ve y al ciego? ¿No soy yo Jehová?" (Éx. 4:11).

LO QUE OTROS DESPRECIAN, A DIOS LE GUSTA HONRAR.

Usted se preguntará: ¿Por qué me creó Dios con una insuficiencia? o, ¿Por qué me creó con ciertas limitaciones mentales? También debemos aceptar esto como parte de su voluntad divina y su propósito sabio. Como es obvio, esto no significa que no podamos ayudar en cuanto sea posible a los que fueron creados con deformidades, porque sabemos que el pecado ha estropeado la creación de Dios. El hecho de que Jesús haya sanado a muchos es prueba de que deberíamos hacer todo lo necesario para mejorar nuestra condición física, pero los que se oponen a Dios a causa de sus limitaciones solo se hacen daño a sí mismos con su rechazo del plan soberano de Dios.

En último lugar, Dios eligió nuestro género. Sí, Él determinó si usted sería un hombre o una mujer. No tengo una sola duda en mi mente de que las operaciones para el cambio de sexo son un ataque en contra de la imagen de Dios que ha sido formada en cada ser humano. Es Él quien nos creó "varón y hembra", por esa razón el cambio de un género al otro es una forma de rebelión contra el Creador. En tiempos del Antiguo Testamento se prohibió también que los hombres se vistieran como mujeres y viceversa (Dt. 22:5).

No nos atrevamos a creer que el Todopoderoso cometió un error al crear hombres a los hombres y mujeres a las mujeres. En algunas culturas la mujer es menospreciada y esclavizada. Es natural que una mujer en esas circunstancias desearía haber nacido como un hombre, pero bienaventurada la mujer que acepta su sexualidad a pesar de lo condenable que sea esta costumbre propia de su cultura.

> PERTENECEMOS A DIOS POR MOTIVO DE LA CREACIÓN Y AHORA TAMBIÉN PERTENECEMOS A DIOS POR MOTIVO DE LA REDENCIÓN.

Aceptar el papel de Dios en la creación nos ayuda a aceptarnos unos a otros sin prejuicios ni vergüenza. Si yo lo rechazo a usted a causa de su trasfondo racial, me rebelo contra el Dios quien lo creó y determinó ese trasfondo en particular para usted. Es como si dijera: "Dios no supo lo que estaba haciendo al crearlo a usted negro y a mí blanco". El racismo se fundamenta en una noción de superioridad que ofende a Dios y es en realidad producto de la rebelión directa contra Dios. Todos deberíamos hacer lo posible por incluir a los que no se ajustan a los parámetros artificiales de belleza que el mundo impone con tanto entusiasmo. No deberíamos evitar a las personas por la simple razón de que sean diferentes a nosotros, más bien debemos procurar alcanzar a personas de todas las razas, clases y culturas. Cada persona es creada en la imagen de Dios y cada persona es valiosa para Dios y para nosotros.

Padres, debo preguntarles: ¿Se sienten avergonzados porque su hijo o su hija no se ajusta a algún criterio artificial de valoración humana? Si sus hijos no son lo bastante hermosos o inteligentes, o si alguno de ellos tiene una deficiencia o incapacidad, ¿esto hace que usted dude de su propia dignidad humana? Solo aquellos que están seguros con la forma en la que Dios los hizo están calificados para aceptar a los demás como Dios los hizo. Como Dobson dice, no es suficiente que usted ame a sus hijos, también debe respetarlos.[8]

En su libro *Lo que más necesitan los hijos de su padre*, Tim Hansel cuenta la historia de un adolescente que tenía una marca de nacimiento bastante notoria en su rostro. Parecía tener amor propio y era seguro de sí mismo, además se relacionaba bien con otros estudiantes y era bastante apreciado. No se avergonzaba de su aspecto ni le daba mucha importancia, así que por fin alguien le preguntó cómo era esto posible.

El joven sonrió y dijo: "Desde muy pequeño mi padre comenzó a decirme que la marca de nacimiento estaba allí por dos razones. Primero, que en ese lugar de mi cara un ángel me había dado un beso, y segundo, que el ángel dejó la marca para que mi papá siempre pudiera encontrarme con facilidad entre la multitud". Dijo además: "Mi papá me dijo esto tantas veces y con tanto amor mientras crecí, que de hecho comencé a compadecerme de otros niños que no habían sido besados por un ángel como yo lo fui".[9]

En un libro que trata el tema del discernimiento, debo indicar que la teología del padre no era correcta en un sentido literal porque su hijo no fue besado por un ángel, pero su teología fue del todo correcta en este sentido: "Las marcas de nacimiento o lo que llamamos incapacidades físicas no son un juicio de Dios ni una maldición, sino que pueden convertirse en fuente de bendición si las aceptamos como provenientes de las manos de nuestro Padre celestial y amoroso. Lo que otros desprecian a Dios le gusta honrar, aquellos que no poseen belleza física de todas maneras pueden ser dotados con una gran abundancia de favor y gracia divinos.

Dios quiere que entendamos que no deberíamos contender con Él acerca de la manera en la que nos creó. Él quiere que seamos capaces de mirar en el espejo y vernos a nosotros mismos como criaturas de su mano sabia y amorosa. "¡Ay del que pleitea con su Hacedor! ¡el tiesto con los tiestos de la tierra! ¿Dirá el barro al que lo labra: ¿Qué haces?; o tu obra: ¿No tiene manos?" (Is. 45:9).

Dios redimió el cuerpo

"¿O ignoráis que vuestro cuerpo es templo del Espíritu Santo, el cual está en vosotros, el cual tenéis de Dios, y que no sois vuestros? Porque habéis sido comprados por precio; glorificad, pues, a Dios en vuestro cuerpo y en vuestro espíritu, los cuales son de Dios" (1 Co. 6:19-20). Tras nuestra caída en el pecado, Dios eligió redimirnos aunque conocía muy bien nuestra condición y lo que habría de costarle. Pablo dijo que fuimos "comprados por precio". ¿Murió Jesús por nuestro cuerpo, alma y espíritu? La respuesta es afirmativa. Él nos compró en nuestra totalidad aunque la plenitud de nuestra herencia nos aguarda en el día de la resurrección.

Pertenecemos a Dios por motivo de la creación y ahora también pertenecemos a Dios por motivo de la redención. En efecto, somos "propiedad doble" de Dios y no podemos afirmar que algo sea nuestro en absoluto. Las implicaciones son bastante claras: "No tenemos derecho de decir: 'este es mi cuerpo, puedo hacer lo que quiera con él' ". No tengo más derecho de hacer lo que quiera con mi propio cuerpo que el de hacer lo que quiera con el dinero que un amigo me prestó y que espera de regreso en cualquier momento. El dinero no es mío para hacer con él lo que me plazca, y de igual manera mi cuerpo no me pertenece para hacer con él lo que se me antoje.

Desde el momento en el que nacemos estamos en un recorrido hacia la muerte y esto también debe aceptarse como parte del plan ordenado por Dios. Las señales de la vejez nos recuerdan que nuestros días están contados y que debemos aplicar nuestro corazón a la sabiduría. "Corona de honra es la vejez que se halla en el camino de justicia" (Pr. 16:31). La obsesión contemporánea con la juventud y belleza perpetuas es el intento del hombre moderno para negar el proceso natural de envejecimiento. Algunos llevan esta negación al extremo, como lo demuestra una mujer que dijo: "Ya gasté un millón de dólares y le dije a mi esposo que se asegure de darme un estiramiento facial cuando esté en el féretro. Quiero verme bien hasta que me entierren y no sea vista nunca más".

La cirugía cosmética no es pecaminosa en sí misma, sin lugar a dudas es encomiable la labor de los doctores que mejoran el aspecto de los niños deformados. Podemos entender a las personas que requieren alguna intervención quirúrgica para mejorar su aspecto, pero no podemos aprobar la actitud de los que se transforman de cualquier manera con el fin de verse más provocativos sexualmente. Tampoco podemos como cristianos aprobar los cambios que se hacen por motivos de vanidad o con la presunción de que "este es mi cuerpo, puedo hacer con él lo que quiera". Que la criatura no se atreva a usurpar la propiedad exclusiva del Creador.

¿Qué decir de la perforación corporal, los tatuajes y otras cosas semejantes? Aunque los tatuajes eran antes símbolos de rebelión que solo se encontraban en el cuerpo de los prisioneros y pandillas de motociclistas, estas marcas en la piel se han vuelto bastante populares. La creencia actual es que el cuerpo humano es un lienzo que podemos pintar como se nos antoje. Vivimos en una cultura donde impera el sadismo y la rebeldía, por eso se trata el cuerpo humano como un medio para expresar autonomía y rechazo a toda autoridad. La iglesia primitiva estuvo en lo correcto al considerar los tatuajes como una profanación del cuerpo. En el Antiguo Testamento leemos: "Y no haréis rasguños en vuestro cuerpo por un muerto, ni imprimiréis en vosotros señal alguna. Yo Jehová" (Lv. 19:28).

¿Puede un cuerpo cubierto con tatuajes glorificar a Dios? Algunos jóvenes que antes habrían dado respuesta afirmativa a esta pregunta, han cambiado su manera de pensar. Una joven que habló conmigo dijo: "Daría cualquier cosa para librarme de estos tatuajes pero son permanentes y los mandé hacer antes de ser salva. Cada vez que los veo recuerdo mi vida pasada, por la cual ya he sido perdonada, así que las considero mis 'marcas' de la gracia divina". Sí, estas cosas pueden convertirse en marcas de la gracia.

Las mujeres han usado aretes desde tiempos antiguos, pero hoy día no solo hay aretes para hombres, sino que se perfora el cuerpo para poner anillos en la nariz, el labio, el ombligo ¡y hasta en la ceja! Ya se ha determinado que los anillos y aretes que se insertan en la lengua introducen sustancias venenosas en el fluido sanguíneo y dañan los dientes. Hace poco escuché por radio la noticia de un joven en Nebraska que tiene el récord nacional de perforaciones corporales, creo que el número total es 135.

No tengo la intención de enunciar un sí o no definitivo acerca de estas prácticas modernas, pero sí me propongo decir que la insistencia contemporánea en la apariencia física y los sacrificios que las personas están dispuestas a hacer para hacerse notar son síntomas de que los valores de nuestra cultura se han alejado en gran medida de la seguridad que viene como resultado de conocer a Dios y someterse a Él como dueño de nuestra vida.

Debemos glorificar a Dios en nuestro cuerpo

Dios creó nuestro cuerpo como un vehículo para sus atributos: amor, gozo y paz para nombrar unos cuantos. Él quiere que usemos nuestro cuerpo como el medio para un fin superior que es la formación del carácter de Cristo en nosotros y la propagación del evangelio hasta los confines de la tierra. Nosotros somos sus manos, sus pies, sus ojos y sus oídos. Un cuerpo que sea el templo del Espíritu Santo es un cuerpo que debe usarse como una vasija y un lugar santo en el que mora Dios. Por esta razón Pablo enseñó que el cuerpo mismo no tenía que verse bien en sí mismo para que el tesoro que habita en su interior brille con fulgor. "Pero tenemos este tesoro en vasos de barro, para que la excelencia del poder sea de Dios, y no de nosotros (2 Co. 4:7).

> PIENSE EN LO QUE SUCEDERÍA SI TODOS Y CADA UNO DE NOSOTROS DECIDIERA SER CANAL DE BENDICIÓN.

Nuestro cuerpo debe ser cubierto con un vestuario modesto para que podamos dar un testimonio convincente para Cristo (vea 1 Ti. 2:9-10). No debemos esforzarnos en ser el centro de atención ni imponer nuestra relevancia por medio de marcas especiales en el cuerpo o ropa fina. Nuestro cuerpo fue formado en el vientre materno para el servicio a Dios (Is. 49:5), y servir a Dios es una ocupación de tiempo completo.

¿Puede un físico culturista usar su cuerpo "para la gloria de Dios"? Depende. Cierto hombre que se dedicaba a esto dijo: "Tuve que dejar el físico culturismo porque sabía que llamaba la atención a mí mismo y no en realidad para glorificar a Dios". Cuanto más íntima sea nuestra relación con Dios, más seremos reprendidos por nuestra vanidad.

PARA CONCLUIR, UN RETO

Hemos aprendido que debemos aceptar nuestro cuerpo como provenientes de la mano de nuestro Creador sabio y amoroso. Debemos hacer oposición a una cultura que glorifica el cuerpo y juzga los seres humanos conforme al parámetro de la belleza física y la atracción sexual. ¿Qué podemos hacer para contrarrestar estas tendencias e influencias tan poderosas?

En primer lugar, los padres debemos recalcar la importancia del carácter por encima de las apariencias. Cuando el profeta Samuel fue enviado para encontrar a un rey entre los hijos de Isaí, los siete hermanos mayores fueron presentados al profeta con gran entusiasmo por su aspecto varonil. Sin embargo, el Espíritu Santo no indicó que alguno de ellos iba a ser el futuro rey. Samuel quedó desconcertado y el Señor le respondió con palabras que deberían estar grabadas en la mente de todo cristiano, sea joven o viejo: "No mires a su parecer, ni a lo grande de su estatura, porque yo lo desecho; porque Jehová no mira lo que mira el hombre; pues el hombre mira lo que está delante de sus ojos, pero Jehová mira *el corazón*" (1 S. 16:7, cursivas añadidas).

Nosotros como padres debemos premiar la conducta, el carácter y la fidelidad. Debemos esforzarnos en comunicar a esta generación que hay cosas más importantes que la apariencia física. Debemos alcanzar a los jóvenes que se sienten aterrados de ser ignorados en el "juego del amor". Nosotros mismos debemos demostrar que es posible tener una relación con Dios tan satisfactoria que no tendremos necesidad de competir en el mundo no equitativo de la belleza física. "Engañosa es la gracia, y vana la hermosura; la mujer que teme a Jehová, ésa será alabada" (Pr. 31:30).

Las mujeres no deben basar su dignidad y valor en la cantidad de hombres que las admiran, ni siquiera en el simple hecho de ser admiradas. Los hombres no deben basar su dignidad y valor en la popularidad que tienen frente a las mujeres. En últimas, debemos derivar nuestra importancia de la identidad que tenemos delante de Dios. Debemos negarnos con firmeza a abdicar a los valores del mundo en el tema bastante delicado de nuestra apariencia física. Debemos estar dispuestos a agradar a Dios, así esto signifique decepcionar a los que más nos importan.

Nuestras iglesias tienen que ayudar a las madres que tratan de encontrar ropa decorosa para sus hijos. Nuestros líderes y maestros de jóvenes no deben favorecer a los que son atractivos, sino tratar a todos los jóvenes como iguales ante Dios. Cada uno de nosotros puede hacer la diferencia cada vez que aceptamos y animamos a aquellos que no recibieron una dosis adicional de belleza física. Piense en lo que sucedería si todos y cada uno de nosotros decidiera ser canal de bendición y afirmación para una o dos personas.

Dios preparó un cuerpo para Jesús, pero ¿qué aspecto tuvo Él en la tierra? En el transcurso de los siglos varios artistas han tratado de presentar lo que consideran que fue su aspecto físico, pero carecen de información suficiente además de las características de la cultura del medio oriente y su propia imaginación. Por otro lado, el profeta Isaías nos da una descripción que bien podría apuntar a la apariencia externa de Jesús. Lo que aprendemos es que Jesús pudo haber tenido un aspecto bastante ordinario.

Tan solo lea lo siguiente: "no hay parecer en él, ni hermosura; le veremos, mas sin atractivo para que le deseemos" (Is. 53:2). Si tomamos esta descripción en sentido literal, Jesús no fue un hombre con un físico atractivo y no era un espécimen gallardo de la raza humana. Es posible que haya tenido un aspecto común y quizás, si me pueden perdonar por sugerirlo, nada atractivo. Esto sin mencionar que su cuerpo quedó casi irreconocible tras ser lacerado con crueldad antes de la crucifixión: "de tal manera fue desfigurado de los hombres" (52:14).

Él sabía que su fidelidad a la voluntad del Padre era mucho más importante que la apariencia de su cuerpo. El Señor supo que así no calificara en la escala arbitraria de valores mundanos, se sujetaría a la voluntad del Padre y eso era todo lo que importaba.

El cuerpo humano que Él recibió fue usado para tocar a los leprosos, abrazar a los niños y hablar las palabras de Dios. Es evidente que Jesús siempre vio "más allá" de la superficie, porque Él sabía que existe un abismo inmenso entre las apariencias externas y los afectos internos. Este sería el cuerpo con el que glorificaría al Padre y compraría la salvación de todos los que habrían de creer. Este fue el cuerpo que recibió la herida de lanza en su costado y de los clavos en sus manos.

Jesús mismo es una sentencia poderosa en contra de la adoración al cuerpo que tanto caracteriza a nuestra generación. Él invita a todos los que le siguen a adoptar valores superiores y enfocar la mirada en lo eterno que va más allá de lo físico, así como aprender a aceptar a los demás tal como son y no como se ven. "Pero tenemos este tesoro en vasos de barro, para que la excelencia del poder sea de Dios, y no de nosotros" (2 Co. 4:7).

Nosotros debemos mostrar el camino a seguir.

NOTAS

1. Peter Rowan, citado en el libro de Mary Pipher, *Reviving Ophelia: Saving the Selves of Adolescent Girls* [El resurgimiento de Ofelia: Salvemos la identidad de las niñas adolescentes] (Nueva York: Ballantine, 1999), p. 174.
2. Revista *People*, 30 October 2000, p- 108.
3. Robert G. DeMoss, *Learn to Discern* [Aprenda a discernir] (Grand Rapids: Zondervan, 1992), p. 37.
4. Chuck Swindoll, *The Strong Family* [La familia fuerte] (Portland, Oregon: Multnomah, 1991), p. 118; citado en el libro de DeMoss, *Learn to Discern* [Aprenda a discernir], p. 26.
5. James Dobson, *Hide or Seek* [Escóndase o busque] (Old Tappan, Nueva Jersey: Revell, 1974), p. 12.
6. *Ibíd.*, p. 17.
7. Bill Gothard, *Self-acceptance* [Aceptación de uno mismo], Institute in Basic Youth Conflicts [Instituto para los conflictos básicos de los jóvenes], octubre de 1984, pp. 4–6.
8. Dobson, *Hide or Seek* [Escóndase o busque], p. 51.
9. Tim Hansel, *What Kids Need Most in a Dad* [Lo que más necesitan los hijos de sus padres] (Tarrytown, Nueva York: Revell, 1989), p. 75.

8

CÓMO JUZGAR EL PAGANISMO CONTEMPORÁNEO

¿En qué punto la fantasía se convierte en realidad?

En su gran mayoría, los cristianos en Norteamérica han dejado de tenerle miedo a Satanás.

Hubo un tiempo en el que las personas entendían que Satanás existía en realidad y no se podía confiar en que respetara las reglas de juego. Hoy en cambio, aunque los cristianos reconozcan la existencia de Satanás y sus hordas de demonios, muchos se han convencido de que pueden entrar a su terreno sin temor a represalias. Creen que Satanás es caballeroso y no meterá la cola si no es invitado a la fiesta.

¿Por qué a la mayoría de cristianos no les asusta lo oculto?

En primer lugar, se equivocan al pensar que si un objeto, juego o historia ocultista se acepta como fantasía, no tiene por qué ser temido. Mientras uno no crea en el poder de una tabla espiritista, no es peligrosa. Mientras los horóscopos se lean solo por diversión, esta es una práctica inofensiva e inocente. Si uno cree que juegos electrónicos como "Calabozos y dragones" son inermes, esa convicción nos protege de su contenido ocultista. La afición al mundo de Harry Potter no es dañina mientras sea visto como algo imaginario.

Debo advertir desde un principio que la fantasía puede convertirse en cualquier momento en realidad. La fantasía es el puente que muchas veces conduce al otro lado del mundo espiritual. No podemos esperar que vamos a estar exentos de todo ataque satánico por la simple razón de que interpretemos lo oculto como una fantasía.

ES MEJOR ADVERTIR EN CONTRA DEL PELIGRO QUE COQUETEAR CON ÉL.

En segundo lugar, algunos cristianos piensan que tan pronto llegue el momento sabrán si Satanás estuvo presente o no en alguna experiencia. Si no lo ven ni sienten, si no se percatan de que una presencia tenebrosa haya entrado en la habitación, creen que están seguros de cualquier arremetida diabólica. No entienden que Satanás se oculta bajo disfraces diferentes y olvidan que muchas veces se mantiene oculto cuanto más le sea posible y que es posible encontrarlo de frente mientras participamos en algún juego "inofensivo" o mientras cometemos algún pecado predilecto.

En tercer lugar, existe la suposición generalizada de que si encontramos a alguien que no haya sido lastimado por su participación en algún aspecto específico del ocultismo, esto demuestra que en realidad no es algo peligroso. Por eso oímos a muchas personas decir: "Conozco a alguien que acudió a un adivino y eso no le hizo daño", o "Sé de alguien que jugó con una tabla espiritista y nada le sucedió".

He conocido a varias personas que han visto la película "El exorcista". Al parecer, muchas de ellas no se vieron afectadas en lo personal, pero conozco por lo menos a una persona que como resultado de la experiencia fue acosada por un demonio que tuvo que ser exorcizado. Algunos han usado la astrología sin resultados adversos, pero otros han terminado atados a poderes satánicos a causa de su participación. Si usted pregunta: "¿Por qué las prácticas ocultistas afectan a una persona y no a otra?" No le podría responder, pero ¿por qué algunas personas se enferman con la comida de un restaurante mientras otras que consumieron platos del mismo menú no tienen problema alguno?

Este es el punto simple que quiero establecer: "Una actividad no puede clasificarse como inofensiva por el simple hecho de que nos parezca que algunas personas no manifiesten efectos negativos". Digo "nos parezca" porque ninguno de nosotros sabe cuáles pueden ser las consecuencias a largo plazo. Con frecuencia la participación en el ocultismo no resulta en posesión directa pero siempre paraliza el crecimiento espiritual en la vida cristiana, y al creyente en cuestión le resulta difícil (algunos dirían imposible) leer la Biblia u orar a causa de la oposición satánica.

Algunos padres piensan que si orientamos bien a nuestros hijos ellos estarán preparados para ver o leer cualquier cosa, siempre y cuando los ayudemos a separar lo verdadero de lo falso. Esto es correcto hasta cierto punto, pero algunos padres olvidan que cualquier grado de participación en el ocultismo puede plantar semillas que producirán su fruto amargo en años venideros.

Una madre cuyo esposo juega "Calabozos y dragones" con su hijo de diez años escribe: "Creo que encontrará a muchas personas que no estarán de acuerdo con su definición categórica de este juego como un producto del ocultismo. Muchos lo han pervertido porque lo usan como una oportunidad para escapar de la vida real y sus responsabilidades, pero nosotros mantenemos muy buena comunicación con nuestro hijo para protegerlo de todo peligro". Más adelante dijo que el juego era coordinado y dirigido por un estudiante cristiano y añadió: "Estoy de acuerdo con que los juegos electrónicos pueden convertirse en una adicción obsesiva, por eso mi esposo y yo tenemos una participación tan activa en cuanto a este pasatiempo favorito de nuestro hijo de diez años". Elogio a estos padres por mantener tan buena comunicación con su hijo sobre este asunto, pero creo que no es muy sabio introducirlo a cualquier juego que pueda inducir al ocultismo de cualquier manera. Es mejor advertir en contra del peligro que coquetear con él.

En cuarto lugar, algunos cristianos creen que tienen protección especial de Satanás. Escuché a una joven católica decir que podía mirar todas las películas ocultistas que quisiera mientras se mantuviera "en un estado de gracia", y que tenía protección espiritual de toda invasión demoníaca. Los protestantes también tenemos nuestros propios argumentos y pensamos que contamos con esa clase de protección porque estamos "en Cristo". Se cree que esto nos libra de ser expuestos a los ataques diabólicos más fuertes.

Nunca debemos subestimar hasta qué punto Dios permitirá que Satanás ataque y acose a los creyentes que jueguen con fuego en desacato abierto de la condenación divina de estas prácticas. Creamos o no que los cristianos podemos ser poseídos por demonios, es innegable que podemos ser atados y oprimidos por el enemigo de nuestra alma.

Por último, existe la suposición de que si algún bien inmediato viene como resultado de la práctica oculta, esto significa que debe ser buena. Quizás sabemos de alguien que pudo perder peso o dejó de fumar mediante el hipnotismo, y por esa razón muchos piensan que es una práctica legítima, sin tener en cuenta que la Biblia condena a los encantadores y hechiceros (términos bíblicos para la actividad del hipnotismo). Deberíamos evitar el hipnotismo así sea realizado por un cristiano.

Satanás siempre entra sin invitación y hace aparición por medios diferentes y bajo disfraces muy variados. Mientras Judas consideraba la posibilidad de traicionar a Cristo, leemos que "Satanás entró en él" (Jn. 13:27). ¡Satanás entró en Judas mientras estaba sentado junto a Jesús en el aposento alto! Este hombre ni siquiera había cometido todavía su gran pecado, tan solo pensaba en ello para sus adentros. No se requirió de invitación formal o permiso especial para que Satanás entrara, todo lo que Judas tuvo que hacer fue contemplar un pecado en su corazón (por supuesto, un pecado gigantesco) y Satanás entró en él sin advertencia y sin bombos y platillos.

Satanás quiere que adquiramos confianza en nuestra capacidad para juguetear con sus anzuelos y carnadas. También quiere que creamos que si no ataca en todas las oportunidades que tiene, se puede confiar en que no atacará la próxima vez. Lo cierto es que tenemos muchas razones para temer cada vez que entramos a su territorio.

LA OPINIÓN DE DIOS ACERCA DE LO OCULTO

Dios no es neutral con respecto a la participación en lo oculto.

> *Cuando entres a la tierra que Jehová tu Dios te da, no aprenderás a hacer según las abominaciones de aquellas naciones. No sea hallado en ti quien haga pasar a su hijo o a su hija por el fuego, ni quien practique adivinación, ni agorero, ni sortílego, ni hechicero, ni encantador, ni adivino, ni mago, ni quien consulte a los muertos. Porque es abominación para con Jehová cualquiera que hace estas cosas, y por estas abominaciones Jehová tu Dios echa estas naciones de delante de ti. Perfecto serás delante de Jehová tu Dios.* (Dt. 18:9-13)

La Biblia enumera por lo menos veinte prácticas ocultistas como las siguientes:

- *Adivinación:* Ver el futuro o conocer ciertos hechos sobre las personas que solo podrían conocerse a través de revelación espiritual.
- *Hechicería:* Magia con la ayuda de espíritus malignos.

- *Augurios:* Objetos o sucesos que presagian buena o mala suerte.
- *Brujería:* Poder en el mundo de los espíritus.
- *Conjuros:* Palabras con poderes mágicos, como es el caso de los encantos y sortilegios.
- *Nigromancia:* Personas que tratan de comunicarse con los muertos, como es el caso de un médium.
- *Espiritistas:* Personas que afirman estar en comunicación con los muertos y que tienen un rango amplio de intereses en el mundo del ocultismo.

Lo oculto tiene varias características que suscitan nuestra curiosidad. Despierta nuestro deseo de estar en comunicación con algo más grande que nosotros mismos, nos seduce a experimentar algo más allá del mundo rutinario de la existencia humana, y de esa manera se convierte en un sustituto para Dios.

¿Por qué aborrece Dios estas prácticas?

En primer lugar, el ocultismo hace la promesa de otorgar conocimiento oculto que no puede obtenerse por medio del análisis científico. Nos invita a apropiarnos de información que está fuera del alcance de nuestra observación. Fíjese en la lista: adivinación, hechicería, interpretación de augurios, brujería y consulta de los muertos. Las personas quieren vaticinar el futuro y descifrar el significado de la vida. Quieren conocer cosas que Dios ha decidido no revelar.

En segundo lugar, el ocultismo promete poder que Dios no ha autorizado. El poder para decir maleficios, manipular acontecimientos y controlar el resultado de las circunstancias es algo muy real. Los ocultistas apetecen poderes especiales para "ajustar cuentas" y arrebatan justicia de la mano de Dios para manipularla a su antojo. Existen muchas personas que están convencidas de que el ocultismo tiene neutralidad moral, es decir, que puede utilizarse tanto para cosas buenas como para cosas malas, y que eso depende de la persona que posee tales poderes extraordinarios.

En conclusión, el ocultismo es una forma de adquirir poder individual y es el medio para dar la espalda a Dios y concentrarnos en nosotros mismos para encontrar significado e importancia en la vida. Un adorador de Satanás dijo: "En realidad no adoramos a Satanás, sino a nosotros mismos y a la naturaleza, pero Satanás siempre se hace presente".

Dios llama detestables estas prácticas, y es a causa de estas cosas que las naciones paganas del pasado fueron destruidas. Bien podría ser a causa de estas prácticas que los Estados Unidos como nación será destruida.

PASAJES HACIA LO OCULTO

A continuación presento una lista de las diferentes puertas que conducen al ocultismo.

Salud de la Nueva Era

Si se afirma que alguna práctica u objeto posee poder sobrenatural para sanar, bien sea en el cuerpo o en las emociones, también es un sustituto para la fe en el único Dios verdadero. Los cristales y las terapias psíquicas que emplean "guías sanadores" afirman tener tales poderes. Millones de norteamericanos combinan la nutrición y las experiencias psíquicas o espirituales para crear métodos "holísticos" que mantienen la salud. Esta moda trata de combinar las ciencias mentales con la ciencia física para alcanzar una sensación total de bienestar. Ciertas enseñanzas derivadas de las filosofías orientales se mezclan de forma audaz con información legítima acerca de buenas prácticas de salud corporal y mental. Esto ha conducido a la gran popularidad de las charlas sobre reflexiones, visualización e hipnosis.

He recolectado los panfletos que promueven algunos de los seminarios disponibles como uno que se titula: Cómo despertar al sanador en tu interior, introducción a la práctica del toque terapéutico. Otro trata acerca de la psicoinmunidad y el proceso de sanidad, que nos promete capacitarnos para unir nuestra mente y nuestro cuerpo, con el fin de que podamos "tener acceso a nuestras propias capacidades innatas para mantener la salud y el equilibrio en nuestra vida". La lista es interminable.

El escritor con gran éxito de ventas Deepak Chopra, cuyos libros han sido traducidos a veinticinco idiomas, enseña que la sustancia básica de nuestro cuerpo no es materia, sino energía e información. La salud verdadera viene como resultado de un flujo balanceado de esta energía por todo el cuerpo. Para mantener este balance de energía se necesitan cosas como hierbas, piedras y minerales, definición del tipo de personalidad y *yaguias* (ceremonias religiosas en las que se implora la ayuda de deidades hindúes).[1]

Por supuesto, todos estamos de acuerdo en que la mente tiene una gran influencia sobre el cuerpo porque ambos funcionan juntos en maneras que no hemos logrado entender del todo. El error de la "salud holística" es que atribuye a la mente poderes sobrenaturales y se supone que uno puede sanarse a sí mismo porque uno puede ser su propio dios. Cierto devoto aseguraba: "Doctores invisibles operan en y a través de mí". El doctor brujo ha vuelto a imponerse, pero esta vez ofrece seminarios costosos y tiene una explicación "científica" para todos sus poderes ocultos.

Drogas psicodélicas y meditación trascendental

En la superficie, prácticas como la meditación trascendental parecen inofensivas. ¿Qué tiene de malo esforzarse en vaciar la mente de todas las presiones de la vida para pensar unas cuantas horas en la nada? Combine esto con ejercicio que exige concentración, y su presión sanguínea bajará a tal punto que su cuerpo se sentirá mucho mejor y en armonía con el universo.

Lo cierto es que la meditación trascendental se basa en la convicción religiosa de que el alma debe unirse a la fuerza unificadora del universo. La racionalidad es vista como un obstáculo a esta unidad mística con Dios. Mientras yo piense en algo me percibiré a mí mismo como una entidad distinta y separada de los demás objetos de este mundo. Por esa razón, debo vaciar mi mente de todo pensamiento específico y tratar de pensar en una realidad sin contenido. S. N. Dasgupta escribe que el yogui "avanza con paciencia y constancia hacia el estado final en que su mente se desintegrará y su ego brillará en su luz propia porque tendrá libertad absoluta que trae la soledad total de la iluminación propia".[2]

En algún punto el participante experimenta una experiencia de conversión llamada iluminación. Esta experiencia mística le capacita para ir más allá de la personalidad, la moralidad y el conocimiento. Así se completa la conversión satánica porque ha ocurrido una transformación total de la conciencia. Como los espíritus diabólicos comienzan a influenciar la mente, el alma queda sumida en una nube de tinieblas, todo lo contrario de una supuesta iluminación. Este engaño solo puede descubrirse en contemplación honesta en la presencia de Dios, con Biblia en mano.

Con drogas psicodélicas se puede hacer la misma transformación. Tan pronto la mente está abierta a cualquier clase de poderes que haya disponibles, los espíritus demoníacos que se mueven en la atmósfera entran con gusto para engañar y controlar. Esto explica por qué las personas involucradas en la cultura de las drogas necesitan en muchos casos ser liberadas de poderes ocultos muy específicos.

Programas de televisión y películas

Existen puertas hacia el ocultismo en todas partes, pero la televisión y las películas constituyen la red más extensa que el enemigo lanza sobre todo el mundo veinticuatro horas al día para capturar el mayor número de reclutas. Programas de televisión como Buffy la caza vampiros y "Charmed" [las encantadoras], y películas como "Magia práctica" y "The Craft" [el artificio] hacen popular las prácticas ocultistas. Muchas personas ven estas películas y programas de televisión, convencidas de que son productos inofensivos y artísticos de la cultura, pero en realidad están cargados de mensajes y carnadas ocultistas.

NUESTRO ENEMIGO DESTRUYE CON MAYOR AUDACIA MIENTRAS ESTAMOS SOLOS, ENFOCADOS EN NOSOTROS MISMOS Y CURIOSOS ACERCA DEL MUNDO DE LAS TINIEBLAS.

En un artículo titulado "Hermanas extrañas", Margaret Kim Peterson explica la manera como estos programas y películas representan la brujería como una especie de religión panteísta y naturalista. Las brujas en la película "The Craft" anuncian: "Nosotros adoramos a todas las cosas; Dios, el diablo, la tierra, los árboles".[3] Una de las brujas en "Magia práctica" explica que la brujería tiene que ver con estar cerca de la naturaleza. La brujería está acompañada de varios accesorios: velas, símbolos ocultos, escobas, pociones, libros con encantamientos y hechizos, etcétera. Estas brujas jóvenes evocan el poder del viento o el poder de los árboles.

¿Qué obtienen las brujas a cambio de estos encantamientos? Tienen una variedad de poderes paranormales, tales como levitación, poder psíquico para ver el futuro y la capacidad de manipular los pensamientos de otros o destruir ciertos tipos de maldad. Algunas veces tienen que defenderse en contra de un poder oculto que haya salido de su control.

La brujería tiene ciertas desventajas para los que la practican porque trata con poderes que es muy difícil controlar. Esto hace que las brujas y los brujos sean incomprendidos y rechazados por la sociedad en general, y por esa razón tienen que disimular y mentir acerca de su vocación. No es fácil salirse de la brujería porque ciertas personas nacen con ese destino fijado. Algunos crecen como personas normales y descubren más tarde que nacieron para practicar la brujería. Lo importante es que acepten sus diferencias, porque como Peterson señala: "No aceptarse a sí mismo es el pecado original en estas historias modernas y divertidas de brujería".

En estos programas aprendemos que la brujería se transmite de madre a hija, como una de las hermanas en el programa "Charmed": "Es un asunto de chicas y se hereda por el linaje femenino". De este modo, las jóvenes brujas descubren que sus madres y abuelas fueron brujas antes que ellas. Los lazos fuertes de la brujería se imponen a través de rituales de sangre y con frecuencia se aseguran por medio de una maldición. Después de esto son llamados a exorcizar demonios aunque sientan una mezcla de emoción y aprensión al respecto.

Todas estas brujas han experimentado maltrato por parte de los hombres. Desean el amor de un hombre pero tienen un gran temor de que los hombres las tratarán mal o las abandonarán. Por esa razón su relación con los hombres se caracteriza por los juegos de seducción y el enojo homicida. Están llenas de sentimientos de venganza por el mal que los hombres les han infligido. Las hermanas en "Charmed" fueron abandonadas desde muy pequeñas por su padre. Todas ellas se comportan con mucha seducción alrededor de los hombres, pero sus relaciones siempre están plagadas de violencia y sospechas. Las brujas deben protegerse por medio de la magia porque los hombres siempre tratan de aprovecharse de ellas.

Las hermanas en "Magia práctica" descienden de una larga línea de brujas que viven bajo una maldición pronunciada por una madre ancestral que fue abandonada por su amante. La maldición estipula que cualquier hombre a quien ellas amen morirá sin remedio. Una de las hermanas se enamora de un hombre que después la golpea y trata de asesinarla. "Se necesita la intervención de un aquelarre (reunión nocturna de brujos y brujas) para derrotar a este hombre de una vez por todas, pero después de su destrucción una de las brujas dice a otra: 'Me pregunto si esto funcionaría con mi ex esposo' ".[4]

¿Cuál es la teología de estos programas y películas? Peterson señala que Dios se trata como una de muchas entidades espirituales comparables. Está a la par con la naturaleza o se considera en unión total con la naturaleza. Nadie en realidad está a cargo de lo que sucede en el mundo. Como explica una mujer que administra una tienda de suministros para brujería en la película "The Craft": "La magia no es buena ni mala sino ambas cosas, porque la naturaleza es igual". Las dimensiones espirituales se presentan como algo muy poderoso, pero si una persona es cuidadosa y tiene buenas intenciones, puede utilizar la magia de una manera positiva. "No tiene sentido que alguna entidad espiritual sea tan mala por un lado o tan santa por otro que sería insensato tratar de relacionarse con ella".[5]

"En un escenario así", escribe Peterson, "no es sorprendente que la redención sea un concepto irrelevante. En todas estas producciones las personas buenas no necesitan ser redimidas y las personas malas no pueden serlo. Los buenos son recompensados y los malos son castigados pero no existe perdón, gracia ni posibilidad alguna de cambio".[6]

Quizás podamos entender mejor por qué estas películas son tan llamativas y populares. Muchas mujeres jóvenes pueden identificarse por el hecho de haber sido maltratadas por los hombres. Como los hombres van a abandonarte, sería el razonamiento, la única relación duradera viene a través de la amistad con otras mujeres en la misma situación. Es más, convertirse en bruja y tener el poder para lanzar hechizos y maldiciones, es una alternativa tentadora para desquitarse del género masculino. La justicia humana confirma que así recibirían lo que merecen.

En un tiempo en el que los hogares están traspapelados y los hombres maltratan a diario a las mujeres, es fácil reconocer que estos programas tengan una aceptación tan grande. Tan solo piense en cuán atractivo resulta todo esto para las adolescentes maltratadas que sienten la necesidad de protegerse de los peligros y daños de un mundo cruel, por medio de su conexión con algún tipo de poder más grande que ellas mismas.

Peterson concluye: "Lejos de cuestionar la devoción humana al consumismo, el sexo, la violencia y la satisfacción individual, la brujería solo es una manera más de obtener lo que a uno se le antoje de inmediato".[7] Anton LaVey, fundador de la iglesia de Satanás, dijo: "Esta es una religión muy egoísta. Nosotros creemos en la avaricia, creemos en el egoísmo, creemos en todos los pensamientos lujuriosos y los deseos que motivan al hombre, porque este es el sentimiento natural del hombre".[8]

Tan solo haga un rápido recorrido por los canales de televisión si le queda alguna duda de que las películas están llenas de rituales tenebrosos y referencias ocultistas. Millones de adolescentes, al igual que muchos adultos, sienten curiosidad y atracción hacia estas cosas a tal punto que deciden participar en alguna medida. Satanás no respeta ni se somete a reglas del juego, así que sumirá en su oscuridad a cualquiera que se acerque a su dominio. Síntomas evidentes de esa participación son cambios bruscos en el estado de ánimo, introspección mórbida y aislamiento de los demás. Nuestro enemigo destruye con mayor audacia mientras estamos solos, enfocados en nosotros mismos y curiosos acerca del mundo de las tinieblas. Cuanto más tiempo pasemos en distracción incauta con los juguetes de Satanás, más indefensos seremos y más difícil será dar la vuelta.

Astrología

La torre de Babel fue destruida a causa de la astrología. Dios estuvo airado con las personas que recurrieron a las estrellas para leer su fortuna y su futuro, pero esa dispersión no puso fin a la fascinación del hombre con esta práctica oculta. Siglos más tarde, Dios increpó con ira santa a los babilonios por su confianza absoluta en la astrología.

Estate ahora en tus encantamientos
y en la multitud de tus hechizos,
en los cuales te fatigaste desde tu juventud;
quizá podrás mejorarte,
quizá te fortalecerás.
Te has fatigado en tus muchos consejos.
Comparezcan ahora y te defiendan los contempladores de los cielos,
los que observan las estrellas, los que cuentan los meses,
para pronosticar lo que vendrá sobre ti.
He aquí que serán como tamo;
fuego los quemará,
no salvarán sus vidas del poder de la llama...
cada uno irá por su camino,
no habrá quien te salve.

(*Is. 47:12-14, 15b*)

¡Solo marque este número para recibir una consulta psíquica gratuita! Todos hemos visto y oído los anuncios televisivos que promueven la lectura del tarot y otras cosas semejantes. A continuación se presentan testimonios personales de hombres y mujeres cuyas vidas fueron cambiadas a raíz de haber hablado con alguien que pudo ver por adelantado su suerte y su desgracia, sus romances inminentes y sus oportunidades vocacionales. En virtud de la ingenuidad humana, afirman que pudieron aprovechar al máximo el conocimiento oculto que recibieron.

Por supuesto, algunas veces estos "profetas" adivinan lo correcto por la simple razón de que una cantidad suficiente de predicciones garantiza que algunas de ellas no serán erróneas. Algunos de estos psíquicos pueden ver el futuro tanto como Satanás mismo pero la mayoría son solo charlatanes. En cualquier caso, a Dios no le agrada esto en lo más mínimo.

La astrología es una abominación porque desconoce a Dios en la búsqueda de sabiduría. En efecto, es afrentar al Todopoderoso y sacudir el puño en su mismo rostro. Las tablas espiritistas, los horóscopos, la adivinación de la fortuna y otras prácticas similares violan este principio básico porque utilizan trampas que conducen a los incautos a la sumisión a fenómenos ocultos que son controlados por el enemigo.

¿Potter bueno o Potter malo?

¿Qué podemos decir acerca de la serie fantástica de libros y películas de Harry Potter? Se dice que esta obra ficticia de J. K. Rowling representa "el triunfo más grande en la historia de las publicaciones". Algunos cristianos que se opusieron en un principio a los libros cambiaron de opinión después de leer la serie. Según su argumento, es posible que un escritor emplee temas ocultos como recurso literario sin promover el ocultismo como tal. En realidad, así lo hicieron con mucho éxito escritores cristianos como Tolkien y C. S. Lewis.

> SOLO HAY DOS FUENTES DE PODER ESPIRITUAL: DIOS POR UN LADO Y SATANÁS POR EL OTRO.

Algunos cristianos insisten en que la brujería presentada en Harry Potter es un dispositivo mecánico, es decir, que se utiliza para creer una historia e ilustrar un punto. Temo, no obstante, que Harry Potter podría con mucha facilidad convertirse en lo que Mark Filiatreau llamó un "puente imaginativo" que conecta a los niños con el mundo peligroso del ocultismo.[9]

DEBEMOS RECORDAR QUE LO OCULTO ES MALIGNO, INCLUSO CUANDO PARECE SER ALGO BUENO.

Quizás la serie de Harry Potter sea una cuestión de la conciencia individual de cada persona, pero mi propia evaluación del material me ha llevado a concluir que el cuarto libro en especial es bastante oculto y violento. Puesto que la brujería se presenta con una "cara amigable" en toda la serie, me resulta difícil ver cómo estas historias podrían ser de algún beneficio para los niños.

Ofrezco a continuación algunas preguntas que podrían ser útiles en su evaluación del material. Creo que estas preguntas también ayudarán a distinguir a Harry Potter de los escritos fantásticos de Tolkien y C. S. Lewis.

- ¿Enseña la fantasía principios absolutos o se basa en nociones relativas del bien y del mal?
- ¿Se presenta el mal como algo "bueno" en las historias?
- ¿Se utilizan maleficios, maldiciones y diversos "poderes malignos" para ejecutar venganzas?
- ¿La lectura del libro hace que el lector se sienta más cómodo con los diversos aspectos del ocultismo, o más atemorizado al respecto?
- ¿Es posible romper las reglas sin dejar de ser el héroe?
- Después de leer el libro o ver la película, ¿están los niños más o menos inclinados a buscar poderes ocultos y conocimientos secretos?

Para una evaluación bíblica y profunda de los libros de Harry Potter, vea el libro de Richard Abanes "Harry Potter y la Biblia".[10]

Deben acatarse todas las señales de advertencia porque es muy peligroso introducir a los niños al mundo del ocultismo.

Consejo a los padres: Si sus hijos han leído estos libros o insisten en hacerlo, léalos con ellos y muéstreles las diferencias entre la visión del mundo de Harry Potter y la cosmovisión cristiana. Ayúdelos a entender que se trata de una historia que emplea prácticas condenadas por la Biblia. Mejor todavía, ofrézcales otros tipos de obras ficticias que presenten una cosmovisión cristiana como tal.

PRINCIPIOS DE DISCERNIMIENTO

¿Cómo podemos ejercer el discernimiento en este mundo lleno de ocultismo y espiritualidad indefinida? Debido a que estos poderes son invisibles, necesitamos algunos principios orientadores.

Dos fuentes de poder espiritual

Ya hemos aprendido que solo hay dos fuentes de poder espiritual: Dios por un lado y Satanás por el otro. No existe un poder neutral que pueda llamarse "naturaleza" o "madre tierra". No debemos pensar que tenemos la necesidad de controlar y utilizar al máximo el "poder de la mente". Todo poder sobrenatural se deriva de una de estas dos fuentes. Todo lo que no esté basado en Dios y la Biblia es ocultista y pecaminoso.

La distinción que se hace con frecuencia entre "magia negra" que es dañina y "magia blanca" que es benéfica no es más que un mecanismo de distracción del enemigo. Piénselo bien: Si usted fuera Satanás, ¿no dejaría a las personas usar sus poderes para fines benéficos si supiera que de esa manera podría engañarlas y someterlas con ataduras más fuertes en el futuro? No lo dude, esa es la realidad de las cosas. Satanás da cosas apetecibles a los incautos con la intención de hacerlos receptivos a todas las cosas malas que les dará más adelante. Debemos recordar que lo oculto es maligno incluso cuando parece ser algo bueno.

Muchos años atrás estuve en un programa de televisión con una bruja que pertenecía a un exclusivo aquelarre, y ella insistía en que las brujas no tienen que ver con Satanás en lo más mínimo. Tan solo aprovechan al máximo las potencias de la "naturaleza" y se dedican a hacer cosas buenas con estos poderes, dijo ella.

Para ser imparcial debo señalar que no todas las brujas rinden adoración directa a Satanás. Algunas se oponen a los sacrificios de animales porque ven todas las cosas en la naturaleza como divinas. Sí, existen brujas que tratan de estar en armonía con la naturaleza mediante el desarrollo de sus poderes psíquicos ocultos, pero sin importar que Satanás sea adorado de forma directa o bajo el disfraz de la naturaleza, el resultado final es el mismo en esencia. Solo existen dos poderes espirituales personales en el universo: Dios y Satanás. Lo cierto es que Satanás puede ser adorado así no sea invocado por nombre propio.

SIEMPRE ES MÁS FÁCIL DEFENDER UN TERRITORIO QUE RECUPERARLO DESPUÉS DE HABERLO CEDIDO AL ENEMIGO.

Pasos cortos, grandes distancias

Así se den pasos muy cortos en la dirección errónea, pueden tarde o temprano conducir a las trampas mortales de Satanás. Puesto que sentimos curiosidad acerca de lo oculto, debemos guardar nuestro corazón, nuestra mente y nuestro hogar. El mal tiene cierta fascinación y el ocultismo apela a los aspectos más bajos de nuestra naturaleza, tal como lo hace la inmoralidad carnal. Por eso es que Pablo incluye las hechicerías en su lista de las obras de la carne (Gá. 5:20).

Tres hombres fueron entrevistados para determinar cuál habría de convertirse en conductor de camiones. A cada uno se le preguntó cuánto estaría dispuesto a acercarse al borde de un precipicio mientras condujera. Uno respondió: "Podría mantenerme a una distancia de quince centímetros". Otro dijo: "Podría acercarme tanto como diez centímetros". El tercero dijo: "Solo le puedo decir que me voy a mantener lo más alejado posible del borde". Por supuesto, el último fue contratado.

No debemos preguntar qué tanto podemos acercarnos al ocultismo sin rendir a Satanás derecho alguno sobre nuestra vida, sino más bien cuán alejados de su dominio podemos permanecer. No debemos leer libros ni ver películas que "alteren" nuestra mente, como dirían algunos. La razón es que la mente es una sustancia espiritual que puede estar en contacto con Dios o con el diablo. Cualquier técnica que procure "vaciar la mente" es peligrosa, porque los espíritus malignos deambulan por todas partes y aguardan toda oportunidad de engañar y enlazar.

Un premio a cambio de control

Satanás le dará lo que usted quiera mientras sepa que tarde o temprano obtendrá lo que quiere de usted. Sanará su cuerpo, le dará dinero y lo hará próspero en su carrera o vocación, siempre y cuando pueda apretar cada vez más el yugo que ha puesto en su cuello. Lo ayudará a perder peso a través de la hipnosis, le traerá buena suerte por medio de un mago o adivino. Hará todo eso y más todavía, si a cambio puede engañarlo para que usted mantenga una "lealtad adictiva" al pecado.

El enemigo quiere hacernos creer que podemos tenerlo todo. Podemos quedarnos con nuestro dinero, procurar nuestros placeres y satisfacer nuestro ego. Así se llega a aceptar la noción de que todo lo que la mente pueda creer también lo puede lograr. A cambio del éxito con base en esas promesas, Satanás siempre se asegura una retribución y al fin de todo nuestra vida es desperdiciada, nuestro testimonio queda paralizado y nuestra relación con Dios es manchada.

Satanás hace que parezca verdad que hoy hemos ganado, con el único objetivo de poder ejercer más control sobre nosotros mañana.

La ignorancia no es excusa válida

Solo porque alguien no sepa que intentar la levitación, jugar con las cartas del tarot o consultar una bruja no es incorrecto, no le hace exento del acoso satánico. Suponga que usted es un soldado israelí y decide salir a caminar en una tarde soleada, y sin saberlo cruza la frontera y entra al Líbano. De nada le serviría protestar que no fue su culpa porque la frontera no está bien demarcada. No espere que los libaneses digan: "No te preocupes, como la zona limítrofe no estaba marcada tan bien como pudo haberlo estado, te dejaremos regresar a tu casa".

> LIBRARSE DEL PODER SATÁNICO NO ES UN ACTO QUE SUCEDE DE UNA VEZ POR TODAS, SINO MÁS BIEN UN ESTILO DE VIDA.

Satanás no juega conforme a las reglas y no puede confiarse en que mantenga distancias y límites razonables. Puesto que carece de compasión, no hará excepciones con nosotros por motivos de ignorancia. Con frecuencia no hay segunda oportunidad y con toda seguridad tampoco hay gracia ni permiso para retroceder sobre nuestros propios pasos. Tan pronto cruzamos para entrar en su dominio, podemos esperar el hostigamiento más insoportable que jamás experimentaremos.

Advertencia: No olvidemos nunca que la mejor defensa en contra del ocultismo consiste en rechazar todas las invitaciones para involucrarnos en su diversidad de actividades de iniciación. Pregunte a cualquier general de ejército y le dirá que siempre es más fácil defender un territorio que recuperarlo después de haberlo cedido al enemigo. Los que tenemos hijos debemos advertirles sobre el peligro de jugar con cosas que han sido prohibidas por Dios de manera específica y terminante. El pecado, debemos recordar, siempre es nuestro enemigo y nunca nuestro amigo.

Cristo ha triunfado

Dios levantó a Jesús de los muertos y le sentó "a su diestra en los lugares celestiales, sobre todo principado y autoridad y poder y señorío, y sobre todo nombre que se nombra, no sólo en este siglo, sino también en el venidero" (Ef. 1:20-21). El temor más grande de Satanás es que lleguemos a entender que él está derrotado y que Dios ha hecho posible que nos libremos por completo de su agarre. El diablo teme ser detectado y confrontado con denuedo.

Por supuesto, hay esperanza para aquellos que se han involucrado en algún aspecto del ocultismo. Sí, Satanás puede tratar de atacarlo mientras usted procura librarse de toda actividad oculta, pero usted puede ser libre si tiene convicción absoluta sobre el triunfo de Cristo sobre el reino de las tinieblas.

Tenga presente que Cristo ganó en la cruz una victoria decisiva y que la serpiente ya ha sido aplastada una vez y para siempre.

> *perdonándoos todos los pecados, anulando el acta de los decretos que había contra nosotros, que nos era contraria, quitándola de en medio y clavándola en la cruz, y despojando a los principados y a las potestades, los exhibió públicamente, triunfando sobre ellos en la cruz.* (Col. 2:13-15)

Solo si mantenemos la mirada fija en Cristo no nos sentiremos intimidados, porque Satanás tiene tanto poder como Dios le permite tener y nada más.

Debo aclarar que librarse del poder satánico no es un acto que sucede de una vez por todas, sino más bien un estilo de vida. Un acto de renuncia y un momento decisivo de arrepentimiento no es suficiente. Según el grado y el tipo de participación en lo oculto, es posible que usted necesite consejería para ayudarlo a romper los vínculos y las ataduras que mantienen su conexión al lado oscuro del mundo espiritual.

En la Iglesia Moody, donde sirvo como pastor, cierto ministro dio un mensaje poderoso acerca del ocultismo y enumeró cuarenta diferentes puntos de entrada o prácticas que conducen a esa clase de esclavitud espiritual. Esa noche invitó a quedarse después del culto a todos los que tuvieran alguna forma de participación en el ocultismo y quisieran alcanzar la libertad. Unas treinta y cinco personas se quedaron para recibir consejo y por increíble que parezca, mencionaron esas cuarenta prácticas ocultas en su experiencia. Por supuesto, muchas de estas personas habían participado en más de una forma de actividad ocultista.

> SOLO PORQUE ESTA GUERRA SEA INVISIBLE NO SIGNIFICA QUE NO SEA REAL.

Usted debe destruir todos los puentes que le condujeron al ocultismo. Debe rendir cuentas a otros para mantenerse alejado de todas personas y los lugares que lo llevaron al pecado ocultista. Esto es más difícil de lo que parece, en particular si usted vive con personas que pueden influenciarlo para que vuelva a adoptar prácticas paganas. Contamos con esta promesa: "Someteos, pues, a Dios; resistid al diablo, y huirá de vosotros" (Stg. 4:7). Hay gran poder en el nombre de Cristo pero solo para aquellos que se someten a su autoridad.

Arrepiéntase de estas actividades y pida a Dios que rompa los vínculos que todavía lo mantienen atado. Usted podría orar así: "Padre, te doy gracias que pertenezco a ti. Tú me has trasladado del reino de las tinieblas al reino de tu amado Hijo, y yo reclamo para mí esa transferencia de autoridad y privilegio. Renuncio a mi participación en __________ y rompo todos los vínculos con esta maldad. Afirmo que estoy en Cristo y por lo tanto ya no estoy sujeto a Satanás y su reino. Hoy te agradezco por la victoria que Cristo compró para mí. Afirmo que el poder de la cruz y la resurrección me pertenecen".

Solo porque esta guerra sea invisible no significa que no sea real, pero sí significa que debemos conocer a nuestro adversario al igual que nuestras armas y la manera correcta de librar la batalla a diario. "Hijitos, vosotros sois de Dios, y los habéis vencido; porque mayor es el que está en vosotros, que el que está en el mundo" (1 Jn. 4:4). Gracias a Jesús, nosotros estamos en el lado de los ganadores.

NOTAS

Algunas porciones de este capítulo aparecieron por primera vez en el libro *Siete trampas del enemigo: Libérese de las garras del demonio*, escrito por Erwin W. Lutzer (Grand Rapids: Editorial Portavoz, 2003).

1. Dónal P. O'Mathúna, "Postmodern Impact: Healthcare" [Influencia del postmodernismo en el cuidado de la salud], citado en el libro editado por Dennis McCallum, *The Death of Truth* [La muerte de la verdad] (Minneapolis: Bethany House, 1996), p. 60.
2. S. N. Dasgupta, *Hindu Mysticism* [Misticismo hindú] (Nueva York: Frederick Unger, 1927), p. 79.
3. Margaret Kim Peterson, "Weird Sisters" [Hermanas extrañas] en *Books and Culture: A Christian Review,* [Libros y cultura: Un punto de vista cristiano] marzo y abril de 1999, p. 24.
4. *Ibíd.*, 25.
5. *Ibíd.*
6. *Ibíd.*
7. *Ibíd.*
8. Anton LaVey, citado en el libro de John Ankerberg y John Weldon, *The Coming Darkness* [La oscuridad venidera] (Eugene, Oregon: Harvest House, 1993), p. 94.
9. Mark Filiatreau, "Pokémon, Harry Potter, and the Magic of Story" [El juego de Pokemón, Harry Potter y la magia del cuento], Breakpoint Online, Prison Fellowship Ministry; información disponible en los sitios de la red global de computadores www.breakpoint.org y www.christianity.com.
10. Richard Abanes, *Harry Potter and the Bible* [Harry Potter y la Biblia] (Camp Hill, Pensilvania: Horizon, 2001). Recomiendo este libro a quienes estén interesados en una evaluación equilibrada y bíblica de la serie de Harry Potter.

9

CÓMO JUZGAR ACERCA DE FANTASMAS, ÁNGELES Y LUGARES SAGRADOS

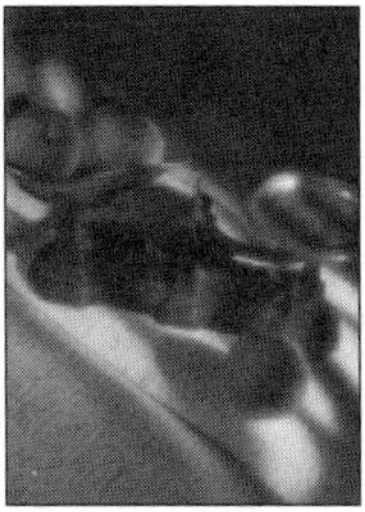

¿Cuál es la interpretación correcta del mundo espiritual?

Casi todos los años, por lo general alrededor del día de las brujas o Halloween, el diario Chicago Tribune publica una lista descriptiva de las casas embrujadas que hay en la ciudad e incluyen también restaurantes y apartamentos encantados. Algunos lugares son famosos pero también se incluyen residencias corrientes en las que se siente la presencia de espíritus incorpóreos. He hablado con personas que cuentan historias sobre "el viejo que vivía en el piso de arriba" o de una abuela que murió hace más de diez años pero no deja de hacer sus visitas regulares. Es indudable que existen "caza fantasmas" que afirman ser capaces de detectar la presencia de estas criaturas extrañas.

Varios años atrás el diario Calgary Herald informó que un hotel del área estaba embrujado. Por lo menos dos habitaciones contaban con la presencia de visitantes invisibles que se hacían sentir a los huéspedes. Es interesante que la misma semana en la que se publicó esta noticia, yo estaba programado para dar una conferencia en el hotel.

Al darse la oportunidad de hacer un recorrido por el hotel, algunos de nosotros aceptamos la oferta. Nos mostraron los abundantes detalles artísticos en madera, los adornos lujosos y los tapetes provenientes de Inglaterra. También nos llevaron a una cafetería en el sótano donde había una escalera llena de materos.

UN PUNTO DE VISTA EQUIVOCADO DEL HOMBRE LLEVA A UN PUNTO DE VISTA EQUIVOCADO DE DIOS.

"Estas escaleras", dijo nuestra guía, "nunca se utilizan porque están embrujadas". La joven dijo además que después de la primera boda que tuvo lugar en el hotel, la novia cayó por las escaleras y murió, por lo cual su fantasma aparecía en el mismo lugar con cierta regularidad. De hecho, nos dijo que preguntáramos a las personas que trabajaban en la cafetería y estas afirmaron que podían verificar que el fantasma de esa mujer aparecía de vez en cuando.

¿Cómo explicamos este fenómeno? Recuerdo que en cierta ocasión Jesús expulsó muchos demonios de un hombre desquiciado y estos le pidieron permiso para entrar en unos cerdos, lo cual Jesús les permitió hacer (Mr. 5:13). Tan pronto muere una persona en la que haya habitado un espíritu maligno, este espíritu se ve en la necesidad de trasladar su morada. En particular, esto es muy cierto si se trata de una muerte violenta, como es el caso de muerte por homicidio o suicidio. Estos espíritus adoptarán el nombre y las características del difunto y harán apariciones ocasionales bajo esas pretensiones. Tales entidades (como se llaman en la actualidad) son espíritus malignos que con frecuencia se presentan como "fantasmas amigables".

Esto explica por qué los médium que contactan a los muertos en realidad hablan a espíritus malignos que se comportan como el difunto. Es comprensible que algunos traductores de la Biblia hayan llamado espíritus familiares a estos demonios, ya que están muy bien familiarizados con la persona difunta cuya identidad han adoptado (Lv. 19:31; 20:6, 27; Dt. 18:11; 1 S. 28:7). El médium es engañado porque piensa que en realidad ha establecido comunicación con los muertos, sin saber que él o ella ha entrado en comunicación con un espíritu que conoce muchos detalles de la vida del difunto. Por increíble que parezca, hay un programa televisivo llamado "Crucemos al otro lado" que ha logrado cautivar una audiencia multitudinaria con la idea engañosa de que establece comunicaciones confiables con los muertos porque el médium conjura cierta información fehaciente acerca del difunto. Los parientes se consuelan con la esperanza falsa de que su ser amado trata de decirles que está muy bien, cuando en realidad es posible que en ese mismo instante padezca tormento en el Hades (Lc. 16:19-31).

Por supuesto, el punto aquí es que toda la información acerca de la vida después de la muerte que provenga de espiritistas no es confiable. Quienes acuden al mundo del ocultismo para obtener conocimiento acerca de la vida después de la muerte o para comunicarse con los difuntos están desorientados. Sí, existe vida después de la muerte, pero no podemos aprender los detalles reales por medio de demonios cuyo máximo deleite es confundir y engañar.

Aquel día en Calgary pregunté a la guía si le gustaría oír una explicación bíblica de este fenómeno de "fantasmas". Le dije que el espíritu de la mujer no era el que se manifestaba en esas escaleras porque ya había partido para quedarse en otro mundo, mientras que el espíritu o espíritus cuya presencia se sentía en ese lugar eran en realidad entidades malignas que conocieron a la persona y que acostumbran permanecer cerca de las escenas de muerte y violencia.

Ella dijo que prefería mejor la palabra fantasma que espíritu, como en el caso de Gasparín, el fantasma amistoso. Lo cierto es que los fantasmas son espíritus procedentes del dominio satánico y ninguno de ellos debe considerarse inofensivo, así se manifieste como un ser amigable o juguetón. Estos espíritus deben ser reprendidos en el nombre de nuestro Salvador resucitado.

EL ASCENSO DE LOS ÁNGELES

Hoy día tenemos programas de televisión dedicados a presentar milagros, ángeles y espiritualidad de todo tipo. La fórmula básica del programa televisivo "Tocado por un ángel", como la enuncian sus productores, es esta: "El ángel se encuentra con el ser humano que le ha sido asignado en un momento crucial de su vida. El ángel (por el poder de Dios) realiza un milagro para ayudar a esa persona a llegar a un punto de decisión o revelación. En ese momento la persona, por su propia voluntad libre, realiza ciertas acciones que cambian el rumbo de su vida".[1]

De esta manera, casi en todos los episodios una persona atribulada es ayudada. Quizás tenga lugar alguna sanidad física o se supere alguna barrera emocional. Algunas veces la persona necesitada enfrenta una crisis personal en su matrimonio o con sus hijos. En todo caso un ángel es usado por Dios para resolver la crisis, y esto demuestra que existe una dimensión espiritual en el mundo y que el Todopoderoso está siempre listo y dispuesto para enviar a sus ángeles a quienes menos lo merecen o lo esperan. Cada programa tiene un final feliz y cálido porque se ha resuelto una crisis más y la persona atribulada ha cambiado su vida y se ha encaminado en una dirección nueva.

¿Por qué me opongo a este guión que parece tan inofensivo y positivo? Estas historias están cargadas de una especie de teología cultural que refuerza las opiniones prevalecientes acerca del hombre y de Dios. Por medio de sus retratos agradables de personas necesitadas que son auxiliadas por los mensajeros celestiales, estas nociones lanzan una granada al corazón del evangelio cristiano.

Estas historias acerca de ángeles dan por sentado que todas las personas son buenas por naturaleza y no pecadores que necesitan con desesperación la gracia salvadora de Dios. Esto refuerza el mito prevaleciente de que nuestro problema no es el pecado, sino que tan solo debemos sobreponernos a todo sentimiento de desconexión y reconocer la necesidad que tenemos de contar con la ayuda de Dios. Gracias a la providencia divina, un ángel siempre viene para ayudar en una crisis, y se recibe alivio al saber que por lo menos se ha podido establecer comunicación con la fuente de todo lo bueno.

Puesto que una visión errónea del hombre conduce a una visión errónea de Dios, no debería sorprendernos que la cultura moderna presente a Dios como si cualquier persona pudiera tener acceso a Él en cualquier condición y de cualquier forma. Como Caín, quien pensó que podía acercarse a Dios de cualquier forma creativa que se le antojara, la cultura popular enseña que cualquier ser humano que tenga el mínimo de buena voluntad puede tener comunicación con Dios sin necesidad de un mediador, sin un sacrificio y sin sangre expiatoria.

Tal vez alguien proteste: "Estos programas ni siquiera afirman ser cristianos, solo se limitan a presentar una fe genérica para demostrar que hay personas que creen en Dios y que los ángeles son seres reales, tal como lo afirma la Biblia". En todo caso, no puede negarse que las suposiciones mencionadas en los dos párrafos anteriores refuerzan un estereotipo cultural destructivo.

¿Cómo debemos interpretar las historias acerca de ángeles y los testimonios sobre la intervención de ángeles que ayudan a las personas?

No siempre podemos notar la diferencia entre ángeles buenos y malos. Los ángeles malos están dispuestos a hacer todas las concesiones posibles para engañar a los inadvertidos. Los ángeles de las tinieblas se convierten en ángeles de luz con gran facilidad para que las personas se confundan en cuanto a su identidad real.

1. *Los ángeles malignos están dispuestos a pronunciar la doctrina evangélica sólida.* Cristo estuvo en una sinagoga en Capernaum y se encontró con un hombre que tenía un espíritu inmundo, el cual gritó: "¡Ah! ¿qué tienes con nosotros, Jesús nazareno? ¿Has venido para destruirnos? Sé quién eres, el Santo de Dios" (Mr. 1:24).

Es más, los demonios confesaban que Cristo era el Hijo de Dios. "¿Qué tienes conmigo, Jesús, Hijo del Dios Altísimo? Te conjuro por Dios que no me atormentes" (Mr. 5:7). Estas son las palabras de un demonio que responde al mandato de Cristo para que salga del hombre desquiciado. En efecto, estos demonios pudieron firmar una declaración oficial de fe para afirmar que Cristo era "el Santo de Dios" y el "Hijo del Dios Altísimo".

Por supuesto, los demonios no admiten esto con gusto ni de buena gana, pero al estar en presencia de Cristo y siempre que intentan engañar a las personas, confesarán la doctrina correcta. Si esperan que las palabras engañen a una de sus víctimas, serán incluso capaces de hacer aparición y decir: "Oye, Israel: Jehová nuestro Dios, Jehová uno es" (Dt. 6:4).

2. *Los ángeles malignos, si les resulta posible, duplicarán los milagros de Cristo.* Pablo advirtió que Satanás vendría con "con gran poder y señales y prodigios mentirosos" (2 Ts. 2:9). Los ángeles malos harán milagros beneficiosos mientras puedan y les convenga a largo plazo, porque su meta en últimas es alejar a las personas de la pureza del evangelio de Cristo.

Cierto hombre que fue sanado de una enfermedad grave en una llamada "reunión de sanidad" descubrió que también había recibido alguna especie de "tinieblas diabólicas", porque había quedado con la sensación persistente de tener una presencia maligna muy cerca de él. Tan pronto este hombre reprendía a Satanás, la tormentosa nube emocional y espiritual se desvanecía pero su enfermedad regresaba. No debería sorprendernos que ocurran sanidades en todas las religiones del mundo porque Satanás está dispuesto a dar algo que parece bueno a cambio de la lealtad ciega de sus víctimas.

Por esta razón no siempre nos resulta posible distinguir entre lo bueno y lo malo, y en definitiva es insensato navegar en el océano metafísico sin un mapa confiable que nos ayude a llamar estos seres angélicos por su designación correcta.

3. *Los ángeles malignos tienen todos los poderes esenciales de los ángeles buenos.* Según lo que sabemos, los ángeles malos pueden llevar a cabo muchos encargos para Satanás que son similares a las realizadas por los ángeles de Dios. ¡Considere la "victoria" contundente aunque temporal que gana Satanás cada vez que millones de personas llegan a creer que su intervención es la intervención de Dios y sus ángeles!

> SI LA ESPIRITUALIDAD NO SE BASA EN LA AUTORIDAD DE LA BIBLIA, SIEMPRE ENGENDRARÁ UNA GENERACIÓN SUPERSTICIOSA Y CRÉDULA.

Recuerde que la meta de Satanás no es crear en el planeta tierra el máximo nivel de miseria posible, sino más bien hacernos sentir a gusto para no preocuparnos por lo que tiene en mente. Su objetivo principal es propagar doctrinas falsas que refuercen nociones culturales acerca de Dios ajenas a las Escrituras. Quiere que las personas crean en un Dios benévolo que suministra ayuda indiscriminada a todos. Es ingenuo decir, como algunos, que los milagros confirmados deben ser la obra de ángeles buenos porque los efectos son buenos y beneficiosos. Debemos decir con denuedo que los milagros "buenos" pueden ser hechos por ángeles "malos".

CÓMO NOTAR LA DIFERENCIA

La pregunta que nos queda por responder es: ¿Cómo interpretamos las sanidades y los rescates dramáticos, así como la ayuda sobrenatural que reciben muchas personas que se encuentran en situaciones angustiosas? ¿Qué podemos decir de los relatos de "intervención divina" de seres angelicales que se encargan de mejorar cualquier problema por imposible que parezca, sin importar qué crean las personas beneficiadas acerca de Cristo? Considere bien lo siguiente:

1. *Los ángeles buenos de Dios reciben órdenes y misiones que están limitados al pueblo de Dios.* Ellos no son enviados de forma indiscriminada a todos los hombres y mujeres del mundo. "¿No son todos espíritus ministradores, enviados para servicio a favor de los que serán herederos de la salvación?" (He. 1:14). Esta es la definición bíblica de la función de los ángeles, y si es posible que ellos sean enviados a ayudar a personas que no han aceptado a Cristo y por ende no "serán herederos de la salvación", no tenemos registro alguno de ello en las Escrituras.

2. *Los ángeles buenos de Dios participan en actos de juicio sobre los no creyentes.* Sí, los ángeles son enviados en ciertas ocasiones a los no convertidos, pero solo para juzgarlos. Esto nos hace pensar de inmediato en los ángeles que visitaron a Abraham y tenían la responsabilidad de ejecutar el juicio divino sobre Sodoma y Gomorra. Los ángeles ayudaron a Lot a escapar de la ciudad, pero solo porque era un creyente en Jehová y en consecuencia un hombre "justo" (2 P. 2:7).

De forma reiterada en el libro de Apocalipsis, los ángeles tienen una participación directa en la ejecución de juicios sobre aquellos que no se han puesto bajo la protección del sacrificio de Cristo. por ejemplo, en el capítulo 14 una sucesión de ángeles viene para hacer ciertos anuncios de juicio. Uno de ellos advierte que si alguno adora a la bestia, "él también beberá del vino de la ira de Dios, que ha sido vaciado puro en el cáliz de su ira; y será atormentado con fuego y azufre delante de los santos ángeles y del Cordero" (Ap.

14:10). El ángel que vino después de este anunció que ese juicio era inminente y el siguiente ángel lo ejecutó.

Lea con detenimiento: "Y salió del altar otro ángel, que tenía poder sobre el fuego, y llamó a gran voz al que tenía la hoz aguda, diciendo: Mete tu hoz aguda, y vendimia los racimos de la tierra, porque sus uvas están maduras" (v. 18). Note además lo que hace este mismo ángel de Dios.

"Y el ángel arrojó su hoz en la tierra, y vendimió la viña de la tierra, y echó las uvas en el gran lagar de la ira de Dios" (v. 19). Más adelante en el libro, un ángel invita a las aves del cielo para que devoren la carne de reyes, generales y hombres poderosos (19:17-18), puesto que Dios ya los ha destruido por medio de su juicio.

Sobra decir que "Tocado por un ángel" nunca presenta a ángeles que vengan a ejecutar a los impíos. Estos ángeles de Hollywood siempre están ocupados en hacer obras benéficas incluso por personas que no muestran el más mínimo interés en las cosas de Dios, y por aquellos que consideran a Cristo como un maestro y no el Salvador del mundo.

Si la espiritualidad no se basa en la autoridad de la Biblia, siempre engendrará una generación supersticiosa y crédula. Todos hemos oído acerca de las supuestas apariciones de Elvis Presley, y ahora que la princesa Diana se ha convertido en figura internacional también se ha informado de supuestas apariciones de ella. El famoso espiritista Emanuel Swedenborg reconoció la dificultad de distinguir entre ángeles buenos y malos. Tras muchos años de participación en el espiritismo, escribió:

> Si los espíritus comienzan a hablar con un hombre, más le vale abstenerse de creer cualquier cosa que le digan porque ellos le dirán casi cualquier cosa... los espíritus dicen tantas mentiras y están dispuestos a respaldarlas con tantas

> afirmaciones solemnes, que cualquiera quedaría estupefacto... si un hombre les presta atención y les cree, ellos continuarán sin descanso su obra de engaño para seducirlo en multiplicidad de formas.[2]

En otro pasaje Pablo advirtió: "Mas si aun nosotros, o un ángel del cielo, os anunciare otro evangelio diferente del que os hemos anunciado, sea anatema" (Gá. 1:8). Los ángeles no son confiables como fuente de revelación por la simple razón de que nosotros no sabemos si oímos en ese momento a los ángeles equivocados.

MILAGROS EN LUGARES SAGRADOS

Quizás usted haya oído la historia de que María se apareció en 1858 a una niña campesina llamada Bernadette en Lourdes. La niña dijo: "Era una niña vestida de blanco, no más alta que yo". María tenía un rosario de color dorado y blanco en su mano y con una sonrisa le dijo: "Yo soy la inmaculada concepción". Lo interesante es que cuatro años antes de este acontecimiento (1854), la iglesia católica aceptó de manera oficial el dogma de la "inmaculada concepción", es decir, la creencia en que María misma había nacido de una virgen y por eso no tenía pecado original.

En 1990 Nancy Fowler de Conyers, Georgia, afirmó que María la había visitado en su granja ubicada a unos 50 kilómetros de Atlanta. "El futuro no debe preocupar en absoluto a los que buscan de verdad a Dios y lo aman de verdad para permanecer en su favor", fue lo que dijo a la multitud. Durante cuatro años consecutivos esta mujer dio el mismo mensaje el día decimotercero de cada mes y luego anunció que María aparecería solo una vez al año, cada 13 de octubre. La multitud aumenta en número cada año aunque ella dijo que en 1998 tendría lugar la última aparición de María en su granja. Unas cien mil personas se reunieron allí en esa ocasión para escuchar a Nancy leerles un mensaje que duró una media hora.[3]

Debe advertirse que aunque estas visiones no fueron respaldadas por la iglesia católica local, personas de todas partes, incluso desde México y otros países, acudieron en masa para presenciarlas. Muchos asistentes afirman haber sido sanados o ayudados de alguna forma como resultado de haber acudido a este lugar. Así la ayuda no sea evidente en cada caso, muchos de los que asistieron afirmaron que se sentían mejor y más en comunicación con su propia espiritualidad como resultado de la visita.

¿Qué podemos decir de los milagros que ocurren en Lourdes según muchos visitantes? Algunos dicen que la experiencia los capacitó para aceptar su propia enfermedad porque encontraron a otros en peores condiciones que las de ellos. Los que trabajan en el lugar sagrado dicen que las personas que conocen y las oportunidades de servir a otros cambian su perspectiva acerca de lo que en realidad tiene valor en la vida. A pesar de la obvia explotación comercial del lugar, muchos testifican que es una atmósfera propicia para ejercer cierta devoción religiosa, para entablar amistades de corazón y obtener paz con Dios en medio de las multitudes curiosas.

Hasta los observadores más devotos admiten que solo un pequeño porcentaje de los cientos de miles de enfermos que acuden a Lourdes experimentan sanidad de algún tipo. Por lo menos el 90 por ciento de los que buscan una cura salen de allí sin beneficio alguno, y estoy seguro de que el porcentaje no es diferente en el caso de los que sanan por fe en la iglesia protestante.

Debo señalar que en la iglesia católica los milagros no reciben aceptación oficial sin evidencias contundentes. El secretario general de la congregación del Vaticano para las causas de los santos investiga los milagros porque al menos uno o dos se necesitan para que alguien pueda ser declarado como un santo. Según esta teoría, un santo después de su muerte seguirá activo en la tierra porque podrá responder las oraciones y tratará de persuadir a Dios para que ayude a los que sufren abajo en la tierra. Por esta razón el comité encargado consulta con expertos médicos para determinar si en realidad ocurrió un milagro como respuesta a las peticiones hechas en el nombre del santo fallecido.

> LA BIBLIA NO CORROBORA LOS MILAGROS REALIZADOS POR CUALQUIER PERSONA O CUALQUIER DIOS.

Es interesante que la madre Teresa, quien murió en 1997, haya recibido con más rapidez los atributos de la santidad porque se le atribuyeron dos milagros. Uno tuvo lugar en los Estados Unidos, donde una mujer francesa se fracturó varias costillas en un accidente automovilístico y según los testigos fue sanada tan pronto se colocó una medalla de la madre Teresa en su cuello. En el otro milagro, una niña de Palestina que sufría de cáncer al parecer fue sanada después de que la madre Teresa apareció en sus sueños y dijo: "Hija, estás sana".[4]

El comité médico internacional para el santuario de Lourdes también evalúa toda clase de evidencia sobre milagros. Puesto que todos los milagros en este lugar se atribuyen a la intercesión de María, este comité no tiene que someterse al proceso de elección de algún santo en particular. Según la revista Time, ningún milagro ha sido aprobado desde 1989. A medida que la ciencia médica y la psicología descubren explicaciones racionales para la recuperación física, resulta cada vez más difícil declarar algo como un milagro.[5]

Por supuesto, es posible que existan curaciones de algún tipo que no se clasifican de manera oficial como milagros. Hay doctores en Francia que recomiendan un viaje a Lourdes para los que sufren de enfermedades terminales, pues saben que es su última esperanza y que la fe para creer en que uno puede ser sanado tiene ciertos efectos psicológicos benéficos. Aun así, el número de personas desilusionadas es incalculable. Por supuesto, la mayoría de los que vuelven a su casa sin ser sanados no culpan a la virgen, sino a ellos mismos: si tan solo hubieran tenido más fe, si hubieran hecho más buenas obras, si tan solo hubieran sido más fieles en sus rezos con el rosario, etcétera. En cualquier caso, cuanto más se elevan las esperanzas, más profunda es la angustia personal y el sentimiento de culpa.

¿A qué atribuimos los milagros que algunos dicen haber recibido como resultado de su visita a Lourdes u otros lugares sagrados de ese estilo? En primer lugar, no podemos subestimar el poder de la sugestión humana. Es posible que quienes hacen el viaje y creen con firmeza que serán sanados, reciban algún tipo de ayuda como resultado de su fe. Muchas dolencias son psicosomáticas, es decir, han sido inducidas o perpetuadas por la influencia de la mente. Lourdes puede cambiar la disposición mental de una persona y como resultado de ello la disposición de su cuerpo.

Los milagros de Lourdes se pueden comparar a las sanidades reportadas por los que tienen fe en la llamada ciencia cristiana. He revisado algunos libros publicados por este grupo religioso y tras leer uno tras otro los relatos de sanidad física, he llegado a la conclusión de que en su gran mayoría, estos milagros pueden ser explicados por ciertos procesos psicológicos normales. No podemos descontar el poder de la mente para superar algunas dolencias del cuerpo.

En segundo lugar, así admitamos que el número de milagros es mucho más grande de lo que ha sido objeto de confirmación oficial, muchas sanidades son incompletas. Si creemos que María realiza estos milagros de forma instantánea y completa, estamos equivocados. Cierto médico preguntó por qué la virgen se limitó a sanar una llaga en la pierna de un niño sin reemplazar toda la extremidad que quedó deformada, y la respuesta que le dieron fue que el defecto permaneció como un testimonio de la grandeza del milagro. A muchas personas se les dice que los milagros parciales tienen el propósito de motivarlos a "recordar con gratitud el beneficio recibido".[6]

A diferencia de esto, siempre que Cristo o los apóstoles realizaron un milagro en el Nuevo Testamento, fue una obra completa, terminada e instantánea. Es inconcebible que Dios intervenga para sanar una herida en el pie sin corregir una pierna lacerada.

En tercer lugar, todos en Lourdes son invitados a recibir sanidad sin importar cuáles sean sus convicciones doctrinales, su devoción personal o su religión. A primera vista esto parece ser una ventaja porque se presenta a María con brazos abiertos para recibir a cualquier persona, sin distinción alguna. Así se llega a creer que los beneficios de María son propiedad común del mundo entero sin importar qué religión se tenga o a qué dioses se sirva.[7] Es un mensaje muy compatible con la tolerancia propia de la época.

¡Espere un momento!

Si María tiene brazos abiertos para todos sin importar a qué dios adoren, no hay razón para pensar que estos milagros sean realizados por Dios a través de Cristo. Los milagros que se describen en el Nuevo Testamento fueron hechos por Jesús y los apóstoles, quienes entendieron que Cristo era el único camino a Dios, por lo cual estos milagros debían ser realizados "en su nombre". Pedro tuvo un encuentro con un hombre de Samaria conocido como Simón el mago, quien "ejercía la magia en aquella ciudad, y había engañado a la gente" (Hch. 8:9). El apóstol confrontó de forma directa a Simón porque trató de comprar el derecho y la potestad para hacer grandes milagros, milagros de calibre apostólico, a lo cual respondió Pedro: "No tienes tú parte ni suerte en este asunto, porque tu corazón no es recto delante de Dios. Arrepiéntete, pues, de esta tu maldad, y ruega a Dios, si quizás te sea perdonado el pensamiento de tu corazón; porque en hiel de amargura y en prisión de maldad veo que estás" (vv. 21-23). La doctrina correcta y la condición apropiada del corazón son esenciales si una persona quiere realizar milagros con la autoridad de Dios.

No pasemos por alto el hecho de que cuando los israelitas adoraron a la diosa pagana Astarot a quien llamaron "la reina del cielo" (Jer. 7:18; 44:17-25), insistieron con gran convicción en que ella era quien les daba cosechas y alimento. De hecho, tuvieron el descaro de decir: "desde que dejamos de ofrecer incienso a la reina del cielo y de derramarle libaciones, nos falta todo, y a espada y de hambre somos consumidos" (44:18). Los israelitas estaban convencidos de que sus oraciones a una diosa pagana producían grandes dividendos y creyeron que su situación había mejorado gracias a esa adoración falsa.

Dios no estuvo dispuesto a soportar una ofensa tan grande y dijo al pueblo que ese culto idólatra era una abominación, pero tenga esto muy en cuenta: Es posible beneficiarse de la adoración falsa y es posible reclamar ciertos milagros de provisión y ayuda. El caso es que ni siquiera tales "milagros" justifican las doctrinas erróneas. Recuerde que solo podemos hacer la interpretación correcta de un milagro si nos dedicamos a un estudio minucioso del contexto doctrinal en el que es realizado. Es interesante que este mismo culto de Astarot haya encontrado la manera de infiltrarse en la cristiandad, a tal punto que a María se le llama "la reina del cielo".

En su libro *Espere un milagro*, Dan Wakefield escribe que su búsqueda de milagros lo condujo a diversos lugares sagrados pertenecientes a una gran diversidad de religiones. El autor descubrió que cada religión tiene sus propios milagros. El budismo tiene historias de la diosa Tara que sana a las personas que invocan su nombre en tiempos de angustia, y "ella se apresura a rescatarlas".[8] Los hindúes tienen visiones, encuentros, rituales y milagros de todo tipo. Wakefield cita el informe del Washington Post sobre la validez que se atribuye ahora al poder de la oración para contribuir a la recuperación de los enfermos. Es interesante que sin importar cuál sea la religión o la deidad, los efectos benéficos son casi los mismos en todos los casos.[9] Es evidente que necesitamos tener discernimiento bíblico en esta era de los milagros.

La Biblia no corrobora los milagros realizados por cualquier persona o cualquier dios. Decir que no importa qué cree cada persona es como decir que no importa en nombre de quién somos sanados. Ya hemos visto que incluso algunos que hicieron milagros en el nombre de Cristo fueron excluidos del cielo porque no entendieron su necesidad de redención (Mt. 7:21-22). Tengo el deber de repetirlo: "No todo lo que sea milagroso proviene de Dios".

Mientras viajaba por avión me encontré con un grupo de personas que se dirigían a Europa a visitar los diversos lugares donde han ocurrido las "apariciones" de María. Insistieron que estas apariciones y los milagros que sucedían en conexión con ellas no competían en absoluto con los milagros de Cristo. Que Él haga sus milagros por su lado y que María haga los suyos.

El asunto no es tan simple.

En primer lugar, así los católicos protesten, esta búsqueda de las apariciones milagrosas de María sí compiten con los milagros de Cristo y restan importancia al evangelio. No se puede negar que millones de personas se agolpan para llegar a los lugares sagrados de María con más esperanza, más anticipación y más confianza que las que tienen al abrir su Biblia.

Yo he visitado el santuario de Guadalupe en México y he visto multitudes que se arrastran sobre sus rodillas sangrientas a lo largo de casi un kilómetro de distancia, y mientras se acercan al lugar sagrado abrigan la esperanza de ser favorecidos por la virgen María. Muchas mujeres que van con niños en sus brazos anhelan apaciguarla por medio de su sometimiento a los sufrimientos de Cristo. En México se hace una mezcla de una forma de cristianismo con una gran variedad de supersticiones y leyendas paganas.

Quizás se podría presentar el argumento de que no se trata de un catolicismo verdadero, sino un sistema de supersticiones paganas entrelazado con catolicismo primitivo. No obstante, es interesante que el catolicismo oficial no condena estas creencias y prácticas herejes. De hecho, el Papa celebró una misa en el santuario de Guadalupe en 1999 sin hacer una sola reprimenda a la superstición, el paganismo y el comercialismo que caracterizan al lugar.

En segundo lugar estas sanidades, si en realidad suceden, pertenecen a la misma categoría de las ocurridas en movimientos como la ciencia cristiana y la nueva era. En este sentido, lo más probable es que Satanás sea quien obre tras bambalinas y haga todo lo posible para engañar por medio de hacer todo el "bien" que pueda.

Sabemos que Satanás puede aparecer en cualquier forma en la que sea esperado. Si usted es católico aparecerá como María, si es protestante aparecerá como Jesús, si es hindú se le aparecerá como Krisna. En conclusión, los milagros o bien se basan en Cristo y la Biblia, o se originan en el mundo del ocultismo con todos sus engaños y demonios.

La iglesia católica reconoce esta posibilidad de engaño. Lo mejor que podemos hacer es aceptar el consejo de Ignacio de Loyola, quien al ser consultado acerca de un joven que afirmaba que las llagas de Cristo aparecían de forma milagrosa en sus manos, dijo que estas marcas o "estigmas", "bien podrían haber sido la obra del diablo tanto como la obra de Dios".[10] Estoy de acuerdo con su apreciación.

Después de todo, solo existen dos "obradores de milagros" en el universo, y a no ser que sigamos la enseñanza de las Escrituras, podremos ser engañados por milagros que han venido del otro lado del mundo espiritual. La doctrina correcta y los motivos correctos constituyen el parámetro mínimo al que nos debemos someter para aceptar los milagros como acciones provenientes de Dios.

NOTAS

Algunas porciones de este capítulo aparecieron por primera vez en el libro *Seven Convincing Miracles: Understanding the Claims of Christ in Today's Culture* [Siete milagros convincentes: Cómo entender las afirmaciones de Cristo en la cultura actual], escrito por Erwin W. Lutzer (Chicago: Moody, 1999).

1. *Citizen*, December 1997.
2. Emanuel Swedenborg, citado en el libro de John Ankerberg y John Weldon, *The Facts on Channeling* [Hechos sobre la canalización] (Chattanooga: John Ankerberg Evangelistic Association, 1998), 8.
3. Diario *Chicago Sun-Times*, 14 de octubre de 1998.
4. Diario *Chicago Sun-Times*, 1° de marzo de 1999.
5. "Modern Miracles Have Strict Rules" [Los milagros modernos tienen reglas estrictas], revista *Time*, 10 de abril de 1995, p. 74.
6. B. B. Warfield, *Counterfeit Miracles* [Milagros falsos] (London: Banner of Truth, 1918), p. 108.
7. *Ibíd.*, p. 124.
8. Dan Wakefield, *Expect a Miracle* [Espere un milagro] (San Francisco: Harper, 1995), pp. 30–31.
9. *Ibíd.*, p. 20.
10. Ignacio de Loyola, citado en el libro de Warfield, *Counterfeit Miracles* [Milagros fraudulentos], p. 85.

10

CÓMO JUZGAR LA CONDUCTA

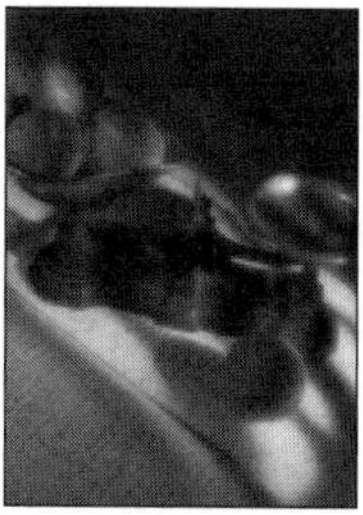

¿Podemos ponernos de acuerdo acerca de qué es bueno y qué es malo?

Los cristianos diferimos en cuestiones de conducta, pero nunca debemos olvidar que algunas cosas siempre son malas: siempre es malo transgredir los Diez Mandamientos, siempre es malo conformarse al mundo, siempre es malo permitir que palabras inmundas salgan de nuestra boca, siempre es malo contristar al Espíritu Santo, siempre es malo alimentar nuestros apetitos sensuales y la lista podría seguir.

Por otra parte, hay algunas cosas que siempre son buenas: siempre es bueno amarnos unos a otros, siempre es bueno poner la mira en las cosas de arriba y no en las cosas de la tierra, siempre es bueno ser llenos del Espíritu Santo, siempre es bueno ser honestos y respetar a otras personas, etcétera.

Sin embargo, hay algunas cuestiones que resulta difícil someter a una clasificación categórica de lo bueno y lo malo. Algunas cosas son asuntos de conciencia. Por ejemplo, en Europa los cristianos acostumbran tomar vino y otras bebidas fermentadas. Les sorprende que muchos cristianos norteamericanos crean en la abstinencia total. Muchos de nosotros argumentamos que en vista de la maldición que es el alcoholismo, es preferible ni siquiera tocar la bebida. Otros responden que cualquier cosa, incluso la comida, puede ser objeto de un uso inadecuado y nos recuerdan que en tiempos bíblicos Jesús tomó agua y la convirtió en vino. Esa clase de desacuerdos continúa sin resolverse.

Hubo un tiempo en el que oímos desde los púlpitos que ningún cristiano debería entrar a una sala de cine, pero hoy día para bien o para mal, los cristianos consideran parte de su rutina el ver películas. Hubo un tiempo en el que los cristianos nunca participaban en actividades deportivas el día domingo, pero en la actualidad honramos a los atletas cristianos así su apretada agenda de compromisos profesionales les impida asistir a la iglesia durante la temporada de entrenamiento y juego. La lista de permisividad y prohibición varía de una cultura a otra y de una época a la siguiente.

¿Cómo podemos resolver estas diferencias?

Soy muy consciente de que discutir estos asuntos es como caminar por un campo minado. La característica más distintiva de un campo minado es que todos los explosivos están escondidos, así que corro el peligro de pisar ciertas áreas delicadas para muchos sin siquiera saberlo, pero debemos recordar que el campo minado de un hombre es la protección de otro hombre. Por eso lo invito a que recorramos este capítulo juntos.

Todos nos sentimos tentados a universalizar nuestras propias convicciones personales. Queremos hacer absoluto aquello que debería ser relativo. Pensamos que como tenemos cierta clase de música y estilo de adoración, todos deberían hacerlo como nosotros. Muchos quedaríamos aterrados al ver los diferentes estilos de adoración que se emplean en otras partes del mundo. Algunos son bastante restringidos mientras que otros adoran con libertad en cántico y danza. Lo cierto es que nos hemos encerrado en nuestra propia cultura mucho más de lo que podemos reconocer, pero todavía tratamos de imponer nuestras preferencias personales como el parámetro absoluto.

La otra tentación es hacer relativo el pecado. Existe una tendencia a volver aceptable el pecado mediante la reducción de ciertos absolutos a normas y perspectivas culturales. Al hacer esto bajamos la guardia y eliminamos los parámetros en lugar de fundamentar nuestro juicio en principios bíblicos sólidos. Siempre debemos esforzarnos en encontrar el equilibrio entre los riesgos del legalismo y los peligros de la licencia.

Un tercer problema es que tendemos a definir la espiritualidad en términos de lo que no hacemos. Nos gustan las listas de permisos y prohibiciones porque nos ayudan a determinar el contenido práctico de la vida cristiana. Algunos de nosotros recordamos frases cotidianas como: "No tomes, no bailes y no mastiques, pero tampoco andes con mujeres que lo hagan". Todavía hay personas que creen que la mejor prueba de la conversión de una persona es su aceptación de las "reglas" correctas.

EN SU RAÍZ, EL LEGALISMO ES UNA CUESTIÓN DE CORAZÓN Y MOTIVACIÓN.

¿Son legalistas aquellos que cumplen ciertas reglas, por estrictas que parezcan? Puede ser que sí y puede ser que no. El legalismo es el uso inadecuado de leyes o reglas. Si yo obedezco ciertas reglas y me convenzo de que esto es lo que me hace piadoso, en ese caso sí soy legalista. Las reglas pueden protegerme de algunos pecados selectos pero no pueden darme justicia y rectitud. Las reglas no hacen que yo ame a Dios o que me esfuerce en alcanzar santidad. Jesús quiso que los fariseos vieran que las reglas no pueden transformar el corazón.

Aquí en Chicago hay una sección de la ciudad que tiene 160.000 habitantes. Nadie toma una sola gota de licor, nadie fuma, nadie baila y nadie va al cine. Al mencionar esto a un amigo mío, me dijo que le gustaría mucho visitar esta parte de la ciudad y hasta mudarse a vivir allí. Le dije que algún día eso sería una posibilidad muy cierta, pero el área de la ciudad a la que yo me refería era ¡el cementerio de Rose Hill! El caso es que quienes definen la vida cristiana de acuerdo con lo que se abstienen de hacer, no entienden en realidad de qué se trata.

Ahora bien, incluso las reglas negativas tienen algo de valor porque nos ayudan a evitar ciertos pecados específicos. A mí me complace haber cumplido las reglas que me libraron de ciertos pecados durante mi juventud, así como el haber criado a nuestros hijos conforme a muchos de esos mismos parámetros. Hay muchas cosas que no es prudente hacer y otras que no deben hacerse en absoluto. Los "no harás" y otras prohibiciones por el estilo tienen mucho valor, como bien nos lo recuerdan los Diez Mandamientos.

Por eso no debemos criticar a los que insisten en cumplir las reglas porque así nos parezcan legalistas, es posible que no lo sean. A Jesús no le molestaba que los fariseos cumplieran las reglas, aunque algunas de ellas se salían de lo contemplado por las Escrituras. Lo que le afligía en gran manera era el hecho de que utilizaran esto como excusa para no desarrollar una intimidad personal con Dios.

A algunas personas les parecerá que este capítulo trata asuntos triviales, pero si usted es un miembro de la familia de Dios y quiere agradar al Señor, hasta los pecados triviales son importantes. Tenemos que agradar al Señor y también trabajar los unos con los otros, lo cual no es tarea fácil. Por eso acudimos a la Biblia para discutir acerca de los permisos y las prohibiciones, con la esperanza de que podamos ponernos de acuerdo sobre los principios, si acaso no sobre las conductas específicas. Dos personas pueden cumplir las mismas reglas y una puede ser legalista porque cree que esas reglas definen su relación con Dios, mientras que la otra cumple las mismas reglas pero sabe que lo más importante es cultivar su relación personal con Dios. En su raíz, el legalismo es una cuestión de corazón y motivación.

PERMISOS Y PROHIBICIONES

En la Roma del primer siglo, algunos de los convertidos al cristianismo habían heredado el legado judío mientras que otros fueron convertidos del paganismo. Algunos de los convertidos fueron convencidos de que las leyes alimenticias del Antiguo Testamento debían cumplirse al pie de la letra. Otros aceptaron la revelación nueva de que esos requisitos eran cosa del pasado. Pablo escribió para darles principios y aclaraciones que son relevantes para nosotros en la actualidad. El apóstol dijo que en algunos casos puede haber dos puntos de vista legítimos y que debemos aceptarnos unos a otros sin perder el compañerismo.

No juzgarnos unos a otros

"Recibid al débil en la fe, pero no para contender sobre opiniones. Porque uno cree que se ha de comer de todo; otro, que es débil, come legumbre" (Ro. 14:1-2). ¿Cómo puede resolverse esta situación? Pablo continuó: "El que come, no menosprecie al que no come, y el que no come, no juzgue al que come; porque Dios le ha recibido" (v. 3). Aquellos que entendieron la revelación nueva de Dios sobre la libertad cristiana por encima de las leyes de dieta (es decir, los que eran fuertes), debían abstenerse de juzgar a los que no se sentían en libertad de comer carne (aquellos que eran débiles).

Las personas que tenían libertad en este asunto fueron consideradas por Pablo como los fuertes, y los que sentían la obligación de obedecer las reglas antiguas eran los débiles. Si hubiéramos estado allí, tal vez habríamos visto la situación de una forma muy diferente. Es posible que consideráramos a la persona que se adhería a los parámetros judíos antiguos como el creyente fuerte, y que el que sentía libertad para comer cualquier cosa era el cristiano débil. Nuestra suposición tácita es que el cristiano que tiene libertad para disfrutar ciertas actividades es el débil, mientras que el fuerte mantiene la convicción de que esa clase de libertad es una capitulación ante el mundo.

Pablo dijo que todo lo contrario era cierto. Un cristiano fuerte verá que las actividades caracterizadas por la neutralidad moral no deben ser objeto de prohibiciones categóricas. Un cristiano débil multiplicará tabúes con la convicción de que la vida espiritual consiste en cumplir con rigor la lista de prohibiciones. En Roma, los cristianos fuertes podían comer carne sin perder su conciencia limpia, pero los cristianos débiles eran incapaces de hacerlo.

El punto de Pablo es que ni los débiles ni los fuertes deben juzgarse entre sí. En el caso de una persona que se considera fuerte, esta no debe juzgar a los débiles. La persona que va a cine no debería juzgar al que rehúsa hacerlo, pero el que se niega a ver películas no debería juzgar al que lo hace, a no ser que se trate, por supuesto, de una película indecente o atrevida que ningún cristiano debería ver. El punto es que el cine en sí mismo es neutral, por ende se necesita de laxitud sin enjuiciamiento. El hermano fuerte considera que el cine en sí mismo no es un problema, pero no debería juzgar al hermano más débil quien cree que su presencia en una sala de cine sería una concesión al mundo.

> HAY ESPACIO PARA LAS DIFERENCIAS DENTRO DE LA CASA DE DIOS.

Supongamos que usted, al lado de muchos otros, fuera sirviente en una mansión. ¿Sería responsabilidad suya juzgar el desempeño de uno de sus consiervos? No. Pablo escribió: "¿Tú quién eres, que juzgas al criado ajeno? Para su propio señor está en pie, o cae; pero estará firme, porque poderoso es el Señor para hacerle estar firme" (Ro. 14:4). Pablo pasó de inmediato a ilustrar su punto con el día de reposo. Después de su salvación, los justos no podían romper el hábito antiguo de observar el séptimo día de la semana (sábado) en lugar del primer día (domingo). ¿Cuál fue la respuesta de Pablo? El apóstol continuó: "Uno hace diferencia entre día y día; otro juzga iguales todos los días. Cada uno esté plenamente convencido en su propia mente" (v. 5).

¿Puede usted asistir a un partido de fútbol el domingo? Si decimos que está bien ver deportes por televisión pero no ir a un partido el día domingo, quedaremos atrapados en un sinnúmero de distinciones quisquillosas. Esto es en realidad una cuestión de conciencia individual y no debemos juzgar a los demás sobre asuntos así. Nuestro Señor puede permitir a uno de sus hijos participar pero no a otro, y es ante nuestro Señor que cada uno de nosotros cae o se mantiene firme en pie.

¿No deberíamos preocuparnos todos por la manera como el domingo es devaluado a causa de la atención prestada a los deportes, las compras y los viajes? Sí, esto nos debería preocupar porque así adoremos a Dios todos los días, el domingo es un tiempo especial en el que el pueblo de Dios necesita congregarse. Ahora bien, la respuesta al problema no consiste en establecer una regla que se ajuste a todos los cristianos. La respuesta es enseñar a las personas a amar a Dios más de lo que aman los deportes y otras actividades, así como a amar al pueblo de Dios más de lo que aman ir de compras y demás.

Pablo diría que sin importar qué día elijamos, sea sábado o domingo, como nuestro día especial de adoración y compañerismo, o sea cual sea la dieta que adoptemos, es nuestro deber adorar y comer para la gloria de Dios. Si esa es nuestra motivación, no tenemos por qué juzgarnos unos a otros y hay espacio para las diferencias dentro de la casa de Dios.

Sin poner tropiezo a los hermanos

"Así que, ya no nos juzguemos más los unos a los otros, sino más bien decidid no poner tropiezo u ocasión de caer al hermano" (Ro. 14:13). Pablo reitera este punto todavía con más claridad unos versículos más adelante: "No destruyas la obra de Dios por causa de la comida. Todas las cosas a la verdad son limpias; pero es malo que el hombre haga tropezar a otros con lo que come. Bueno es no comer carne, ni beber vino, ni nada en que tu hermano tropiece" (vv. 20-21).

¿QUÉ SIGNIFICA PONER TROPIEZO U OCASIÓN DE CAER A LOS HERMANOS?

¿Qué significa poner tropiezo u ocasión de caer a los hermanos?

Consideremos una controversia un poco diferente que Pablo tuvo que confrontar en la iglesia de Corinto. Esta ciudad era un centro mundial para el culto pagano y la permisividad sexual. Parte de la adoración pagana incluía el consumo de comida ofrecida a los ídolos. El sacerdote tomaba la carne que los adoradores traían y la colocaba sobre el altar. Más adelante, esta misma carne era llevada a la plaza de mercado y vendida por un menor precio que la procedente del matadero. Al convertirse en cristianos, muchos paganos llegaron a darse cuenta de que los ídolos eran insignificantes, así que esta carne no estaba contaminada en absoluto. Por otro lado, algunos cristianos que eran débiles en la fe recordaban que antes habían adorado a esos dioses paganos, y sentían que si comían carne que había sido ofrecida a esas deidades, quedarían otra vez atados a su idolatría del pasado. Para ellos el consumo de carne que hubiera sido ofrecida a los ídolos producía contaminación espiritual.

Usted podrá imaginarse los desacuerdos en que se enfrascaron.

"No puedo creer que te comas la carne que le ofrecieron a Zeus".

"A ver mi hermano, al fin de cuentas ¿quién es Zeus? No existe, solo es un ídolo de piedra".

"Sí, pero detrás de esos ídolos hay demonios".

"Eso te lo admito, pero como yo soy un seguidor de Jesús, Él toma lo que pertenecía a los dioses paganos y lo santifica".

Un cristiano acusaba a otro por falta de separación del mundo y el otro decía que esa acusación era producto de su estrechez mental. Pablo dijo que los cristianos tienen libertad en este asunto, pero eso no significa que los cristianos deban ejercer esa libertad así tengan conocimiento (es decir, el entendimiento de que un ídolo "nada es en el mundo", 1 Co. 8:4). La simple razón de que algunos creyentes supieran que podían comer carne no justificaba el consumo de esa clase de alimentos. Debemos admitir que Dios había declarado limpios todos los alimentos, pero en vista de que algunos cristianos creían que el acto de comer constituía una concesión al paganismo, el apóstol escribió: "Pero mirad que esta libertad vuestra no venga a ser tropezadero para los débiles" (1 Co. 8:9).

¿Qué significa convertirse en piedra de tropiezo? No significa que nunca hagamos algo que desagrade a otro cristiano, porque Cristo mismo dijo e hizo con frecuencia muchas cosas que otros consideraron como ofensas, incluso sus propios discípulos. Si a Él le hubiera preocupado ofender a los fariseos, no habría sanado a personas en el día de reposo, ni habría comido con publicanos y pecadores. Estas acciones provocaron mucha cólera en los círculos religiosos, pero Él las realizó de todas maneras.

Para Pablo ser una piedra de tropiezo se refería a cualquier acción que hiciera caer a un hermano o hermana en su manera pecaminosa de vivir propia del pasado. Imagine que el hermano más débil sea invitado a la casa de un hermano más fuerte que sirve carne en la cena. El hermano más débil pregunta si ha sido ofrecida a los ídolos y el hermano más fuerte dice: "Sí, es ese tipo de carne". Ahora el débil cree han tratado de hacerle recaer en sus asociaciones pasadas con dioses paganos, y el fuerte ha puesto a su hermano en una situación problemática que le obliga a elegir entre ser descortés o transgredir su propia conciencia. Pablo dice con autoridad: "No hagan algo así".

Aunque lo siguiente pueda sonar como una ilustración trivial, lo cuento porque fui testigo ocular de lo sucedido. Cierto hombre que pasaba todo su tiempo libre en las apuestas y la bebida en un club de billar, experimentó una conversión radical al cristianismo. Meses más tarde fue invitado al hogar de una pareja cristiana que tenía una mesa de billar en el sótano. El cristiano nuevo se escandalizó al ver la mesa y no podía creer que personas cristianas pudieran jugar al billar, que en su mente era algo muy pecaminoso. El que había sido cristiano durante más tiempo se sorprendió por la reacción de su nuevo amigo. ¿Qué tenía de malo jugar billar? La respuesta es por supuesto que no tiene nada de malo, pero sería pecado que él insistiera en que el cristiano nuevo jugara con él. De hecho, sería mejor abstenerse de jugar en absoluto que forzar al nuevo creyente a traicionar sus convicciones.

Si beber vino tienta a mi hermano a reincidir en el alcoholismo, si invitarlo a un partido de fútbol revive en él la obsesión que antes tuvo por los deportes, si ir a cine lo lanza de nuevo a su vida de placer sensual, en ese caso yo tampoco debo hacer estas cosas así tenga libertad plena de hacerlo. "Por lo cual, si la comida le es a mi hermano ocasión de caer, no comeré carne jamás, para no poner tropiezo a mi hermano" (1 Co. 813).

No solo somos responsables por nosotros mismos, sino unos por otros.

No transgreda su conciencia

Pablo continúa sus instrucciones a la iglesia en Roma. "¿Tienes tú fe? Tenla para contigo delante de Dios. Bienaventurado el que no se condena a sí mismo en lo que aprueba. Pero el que duda sobre lo que come, es condenado, porque no lo hace con fe; y todo lo que no proviene de fe, es pecado" (Ro. 14:22). Este principio se aplica por igual a los débiles y a los fuertes. El hermano débil no debería hacer algo que no pueda hacer en fe, así se trate de una actividad inofensiva. Tampoco debería el hermano fuerte hacer algo que no crea que es correcto y bueno para él. Si es algo que transgrede su propia conciencia, no lo haga.

Puesto que la conciencia es atemperada por el ambiente, algunas personas podrían sentir convicción de pecado con respecto a las cosas más triviales. Con tiempo es posible que comiencen a aceptar la revelación de Dios con respecto a la libertad cristiana sobre un punto específico. Hasta que esto suceda, las personas que no puedan hacer estas cosas con la conciencia limpia están en pecado, y el hermano fuerte no debería tener la conciencia limpia si por medio de su conducta hace tropezar a otro creyente.

> DIOS NO EXISTE POR CAUSA DE NOSOTROS; NOSOTROS EXISTIMOS GRACIAS A ÉL.

Hoy día existen ciertos juegos de carta que tienen origen en el ocultismo. En mi caso, no sé jugar a las cartas y no me llama la atención, pero así quisiera hacerlo me mantendría alejado por completo de cualquier juego que tenga símbolos ocultistas o cualquier conexión con el ocultismo. Esta es mi convicción profunda, de tal modo que si jugara violaría mi propia conciencia. Sin embargo, al entrar a un centro para cristianos jubilados, noté que muchas personas allí se dedicaban a jugar con cartas. Mi primera reacción fue juzgarlos y decir que ningún cristiano debería ocuparse en estos juegos, porque también implican una gran pérdida de tiempo. ¡Piense en cuánto podría avanzar la causa del evangelio si cada jubilado se interesara por ejemplo en los misioneros y dedicara parte de su tiempo a escribirles cartas y orar por ellos y por sus familias!

No obstante, al pensarlo mejor, me di cuenta de que debía ceder espacio a la conciencia individual. Así como la carne ofrecida a los ídolos era santificada por la Palabra de Dios y la oración, los juegos con cartas en manos de cristianos pueden ser nada más que eso: tarjetas con números y dibujos. Pablo podría decir: "Pero tú, ¿por qué juzgas a tu hermano? O tú también, ¿por qué menosprecias a tu hermano? Porque todos compareceremos ante el tribunal de Cristo... De manera que cada uno de nosotros dará a Dios cuenta de sí" (Ro. 14:10, 12).

Sí, como hemos aprendido hay ocasiones en las que debemos juzgar, pero asegurémonos de juzgarnos primero a nosotros mismos, y tengamos la plena seguridad de que no hemos transgredido nuestra conciencia al actuar.

Sin servir al ego, sino a Dios

En el capítulo siguiente Pablo presenta el cuarto principio que debemos seguir. "Pero el Dios de la paciencia y de la consolación os dé entre vosotros un mismo sentir según Cristo Jesús, para que unánimes, a una voz, glorifiquéis al Dios y Padre de nuestro Señor Jesucristo. Por tanto, recibíos los unos a los otros, como también Cristo nos recibió, para gloria de Dios" (Ro. 15:5-7).

Vivir una vida que glorifica a Dios significa que trascendemos las reglas. Esa clase de motivación trasciende la del legalista que quiere reducir la vida cristiana a una serie de permisos y prohibiciones: "Haz esto, no hagas aquello". También va más allá de la falsa libertad del cristiano que se justifica a sí mismo y termina con un estilo de vida licencioso. Aquí yace el principio que expone nuestro corazón a la luz y se convierte en la base de toda conducta.

Si usted me dice que tiene libertad de ir al cine, yo le digo que se asegure de ver películas que lo ayuden a glorificar a Dios. ¿Se siente en libertad de ver televisión? En ese caso, le conviene ver solo aquellos programas que lo ayudarán a glorificar a Dios. Además, todos debemos estar preparados para apagar el televisor tan pronto los programas que veamos dejen de ayudarnos a glorificar a aquel a quien amamos y servimos. Dios no existe gracias a nosotros. Nosotros existimos gracias a Él y todo gira en torno a Él, no a nosotros.

Si usted me dice que tiene libertad para beber vino, asegúrese de hacerlo para la gloria de Dios y no permita que lo conduzca a la embriaguez. Si me dice que tiene libertad para desempeñarse como deportista profesional cada domingo, debe asegurarse de que lo hace para la gloria de Dios y que tiene la fuerza de voluntad para cambiar su vocación si esta interfiere con su prioridad de agradar a aquel quien lo redimió. Tal vez diga que está en libertad de bailar. Hágalo para la gloria de Dios y esté preparado para dejar de hacerlo tan pronto se convierta en un tropiezo para usted mismo o para los demás.

> UN CRISTIANO ES MUCHO MÁS QUE UN PECADOR MENOS SUS PECADOS.

¿Tiene usted la libertad plena de utilizar la red mundial de información? Hágalo para glorificar a Dios y desconéctese antes de comenzar a mirar cosas que no glorifican a Dios. Es al Señor que servimos nosotros.

Considere nuestro ejemplo: "Así que, los que somos fuertes debemos soportar las flaquezas de los débiles, y no agradarnos a nosotros mismos. Cada uno de nosotros agrade a su prójimo en lo que es bueno, para edificación. Porque ni aun Cristo se agradó a sí mismo; antes bien, como está escrito: Los vituperios de los que te vituperaban, cayeron sobre mí" (Ro. 15:1-3).

¡Porque ni aun Cristo se agradó a sí mismo!

Es evidente que si vivimos conforme a esta medida, aprenderemos que el cristianismo no es cuestión de reglas, sino de una relación personal. Los permisos y las prohibiciones solo son los primeros pasos en el aprendizaje espiritual que nos ayudan a distinguir entre cosas edificantes y cosas que no convienen. Cuanto más cerca al Señor vivimos, más nos damos cuenta de que aún ciertas actividades neutrales pueden volverse pecaminosas si ocupan tiempo y energía que podría utilizarse para fomentar valores eternos. Si logramos captar este concepto, estaremos menos inclinados a juzgar a los demás porque veremos nuestras propias fallas y pecados con más claridad.

Por último, si viviéramos conforme a este principio, ¡veríamos la imposibilidad total de vivir la vida cristiana! Seríamos tan conscientes del deseo de Dios por nuestra pureza que acudiríamos a Él de inmediato para recibir capacidad sobrenatural. Las distinciones pueriles palidecerían en comparación a cosas más importantes como la honestidad, el amor profundo a Dios y el fruto del Espíritu. Nos sentiríamos desesperados, débiles en lo moral e inadecuados. Tendríamos una perspectiva nueva que haría de la dependencia de Dios una necesidad primordial para vivir la vida cristiana.

¡Cristo no nos ha metido en la trampa de ser buenos mientras los demás la pasan bien! Sus restricciones fueron dadas para demostrarnos con mayor precisión nuestra necesidad de Él, pero lo que más importa es nuestra relación con Él. Un cristiano es mucho más que un pecador menos sus pecados. Por esa razón Cristo dijo que vino a darnos vida y vida en abundancia.

Si usted y yo fuéramos encarcelados por ser cristianos, ¿habría evidencia suficiente para que recibiéramos una sentencia? ¡Ese es el primer requisito previo de la conducta cristiana genuina!

11

CÓMO JUZGAR EL CARÁCTER

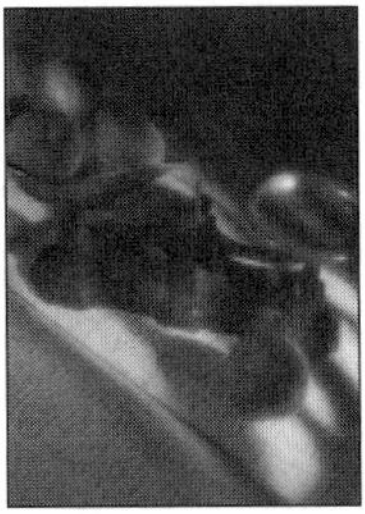

¿Cuáles son las marcas de la integridad?

Tal vez usted recuerde a Richard Dortch, el socio de Jim Bakker durante el escándalo famoso que tuvo lugar a mediados de la década de los ochenta. Dortch, quien trató de silenciar con dinero a Jessica Hahn, la mujer con quien Bakker tuvo una relación, terminó en la cárcel. Dortch era un buen hombre que tomó una decisión imprudente bajo la presión de tener que salvaguardar la reputación de un ministerio. Algún tiempo después escribió un libro llamado *Integridad: cómo la perdí y mi viaje de regreso*.[1]

Casi siempre la integridad puede describirse mejor de lo que puede definirse, y este concepto se expresa de muchas maneras en las Escrituras. Por ejemplo, Dios llamó a Job un hombre de integridad. Tras la muerte de los hijos de Job, leemos que Dios dijo a Satanás: "¿No has considerado a mi siervo Job, que no hay otro como él en la tierra, varón perfecto y recto, temeroso de Dios y apartado del mal, y que todavía retiene su integridad, aun cuando tú me incitaste contra él para que lo arruinara sin causa?" (2:3). Jesús fue reconocido como una persona de integridad total, como aquella vez en la que los fariseos enviaron a sus discípulos para tender una trampa a Jesús, porque ellos empezaron a hablarle con estas palabras: "Maestro, sabemos que eres amante de la verdad, y que enseñas con verdad el camino de Dios, y que no te cuidas de nadie, porque no miras la apariencia de los hombres" (Mt. 22:16).

Por otro lado, en nuestro mundo la integridad es un bien muy escaso: cerca del 70 por ciento de los estudiantes universitarios dicen que hacen trampa, ¡si es que podemos creer que hayan dicho la verdad en esa encuesta![2] Por todos lados se oye hablar sobre cuánto se necesita de integridad en nuestra sociedad, pero de alguna forma siempre se trata de una virtud que deberían tener primero los demás.

Queremos que nuestros políticos la tengan

Queremos que nuestros hijos la tengan.

Queremos que nuestras corporaciones la tengan.

Queremos que nuestros colegios y escuelas la tengan.

Queremos que nuestros líderes eclesiásticos la tengan.

Stephen Carter en su libro *Integridad*, sostiene que la integridad se considera "cardinal entre las virtudes porque en cierto sentido antecede todo lo demás: todo lo que pensamos importa muy poco si nos falta una dosis esencial de integridad, la cual consiste en mantener con valor nuestras convicciones y estar dispuestos a actuar y hablar a favor de lo que es correcto".[3]

Carter define la integridad como algo muy específico que requiere tres pasos: (a) discernir entre lo bueno y lo malo; (b) actuar con base en ese discernimiento, cueste lo que cueste; y (2) decir abiertamente que se ha actuado de conformidad con sus convicciones acerca de lo bueno y lo malo, lo correcto y lo incorrecto.[4] En otras palabras, una persona íntegra no debería avergonzarse de vivir en integridad. Con frecuencia esto se dificulta a causa de nuestro deseo natural de conformarnos a la situación de las cosas, pero cuanto más público sea nuestro compromiso con la integridad, más motivados estaremos a vivir de acuerdo con nuestros parámetros.

La palabra *integridad* viene de la misma raíz latina que se utiliza para aludir a un "número entero", y transmite una noción de entereza y totalidad. Somos personas íntegras porque somos personas completas y estables, como los números integrales que no pueden expresarse como números divididos. Esto incluye la noción de "la serenidad de una persona que permanece confiada al saber que vive en rectitud".[5] Warren Wiersbe complementa: "Dios quiere hacernos integrales mientras que Satanás quiere convertirnos en fraccionarios".[6]

HEMOS SIDO LLAMADOS A LABRAR SURCOS DERECHOS EN UN MUNDO TORCIDO.

Hay una diferencia entre el carácter (la integridad) y la reputación de una persona. D. L. Moody dijo que carácter es lo que una persona es en la oscuridad y en la soledad. Es lamentable que a nuestra generación le cueste tanto distinguir entre carácter y reputación. En nuestra sociedad irresponsable la reputación parece ser lo único importante, pero lo cierto es que nuestro carácter es más importante que nuestra reputación. Las personas pueden destruir su reputación pero no pueden hacer daño alguno a su carácter. Leemos en Proverbios: "La integridad de los rectos los encaminará; pero destruirá a los pecadores la perversidad de ellos" (11:3).

LA INTEGRIDAD Y LA COMUNIDAD EVANGÉLICA

Charles Colson está en lo correcto al recordarnos que muchas personas darán su opinión definitiva acerca del evangelio con base en nuestro estilo de vida. Todos hemos conocido a personas que nos dicen que se han "desilusionado" con la iglesia a causa de la falta de integridad o por las actitudes de hipocresía y superioridad espiritual. No tenemos que retroceder a los escándalos de alto perfil de los ochenta para verificar la pérdida de integridad dentro de la iglesia creyente.

Estos son algunos ejemplos de la manera como perdemos nuestra integridad:

- Una organización cristiana reúne fondos para un proyecto pero utiliza el dinero para algo diferente.
- Las cartas no solicitadas para levantar fondos exagera una historia a tal punto que logra enojarnos (según la sabiduría convencional, ¡solo las personas enojadas envían dinero!) y también exagera la capacidad de la organización para resolver el problema. Tan solo piense en la cantidad de cartas que ha recibido en las que se da la impresión de que el envío de su dinero hará posible la lucha en contra del aborto, la pornografía, el activismo liberal y demás cosas. Tal vez tenga algo de valor el apoyo prestado a estas organizaciones, pero si sus afirmaciones fueran ciertas tendríamos más éxito en contrarrestar la descomposición social.
- Compañías cristianas de publicaciones que están más enfocadas en el volumen de ventas que en el valor o la integridad de sus productos.
- Ministros, evangelistas y líderes que exageran las estadísticas sobre la cantidad de asistentes a sus reuniones, el número de sus convertidos y los beneficios de su ministerio.
- Iglesias más preocupadas por las estadísticas y el crecimiento numérico que en las concesiones doctrinales o prácticas que hicieron para facilitar ese crecimiento.

- Pastores que predican todo el tiempo acerca de los aspectos positivos de la fe cristiana sin dar instrucción al pueblo acerca de la ira de Dios, el infierno y el arrepentimiento.
- Una traducción de la Biblia que cambia el significado de las Escrituras con el fin de acomodarse al espíritu de la época.
- La tolerancia de pecado abierto entre los miembros de la iglesia, así como la renuencia a someterlos a disciplina.
- Ser testigos mudos de maltrato, enseñanzas falsas y faltas a la integridad, por temor a quedar "involucrados" o a no ser populares.

Si es verdad que Dios honra la integridad, deberíamos esforzarnos para alcanzar esta virtud así implique un gran costo personal. Si los cristianos no somos conocidos por nuestra integridad, es dudoso que lleguemos a ser conocidos por algo más. La integridad está en el núcleo de las familias fuertes, es el fundamento de los ministerios eficaces y de nuestro testimonio ante el mundo. Hemos sido llamados a labrar surcos derechos en un mundo torcido.

Ahora bien, sin restar importancia a los defectos de la iglesia, es mejor formar parte de un cuerpo local de creyentes que abstenerse del compañerismo cristiano y quedar solos. La iglesia es, después de todo, el único plan de Dios para representar su evangelio de salvación en el mundo. Para citar a Warren Wiersbe: "Prefiero ser un cristiano que lucha dentro de una iglesia imperfecta que ser un perfecto pecador por fuera de la iglesia".[7]

Por otro lado, debemos preguntar: Si actuamos con veracidad y entereza, ¿a qué parámetro nos ceñiremos? Muchas personas tienen integridad pero solo como se define conforme a sus propios parámetros torcidos, o de acuerdo con los dictados de sus conciencias inactivas. Thoreau tenía la razón al decir que el hecho de que alguien esté dispuesto a morir por una causa no hace de la causa algo correcto. Para evitar el error de medirnos conforme a nosotros mismos, necesitamos encontrar una vara de medición más objetiva que nos permita juzgar la integridad con veracidad.

El Salmo 15:1 nos presenta la siguiente pregunta: "Jehová, ¿quién habitará en tu tabernáculo?" En seguida se hace la descripción de la clase de hombre a quien Dios recibe, aquel a quien se le permite subir al monte del Señor y serle agradable.

Mientras uno esté con personas que coinciden con nuestras opiniones acerca de la integridad, resulta fácil poner en práctica estas características, pero es muy difícil practicarlas en el mundo de los negocios. La honestidad se facilita si uno trabaja con personas honestas que han sido bendecidas con la gracia de la integridad, pero yo por ejemplo tengo un amigo que trabaja como gerente en un concesionario automotriz, rodeado por toda clase de intrigas, trampas, engatusamientos y mentiras. Todos los días él tiene que responder la pregunta: ¿Hasta qué punto estoy dispuesto a permitir que mi integridad se haga evidente? ¿Qué precio estoy dispuesto a pagar, delante de los que me supervisan así como también de los que superviso? Es difícil vivir con integridad en un mundo donde esta virtud escasea en gran medida. La integridad cuesta mucho.

CARACTERÍSTICAS DE LA INTEGRIDAD

Nada mejor podemos hacer que un recorrido por el Salmo 15, y nos detendremos lo suficiente en cada punto para identificar y contemplar el estilo de vida de una persona que tiene la clase de integridad que agrada a Dios.

Habla verdad

"El que anda en integridad y hace justicia, y habla verdad en su corazón. El que no calumnia con su lengua" (Sal. 15:2-3). ¿Bajo qué condiciones habla con la verdad? Dice la verdad sin importar cuánto le cueste.

Habla la verdad así lo humille. Quizás tiene que admitir algún pecado del pasado, o tal vez tenga que decir la verdad de lo que sucedió en el trabajo. Habla verdad sin importar que otros queden mejor que él. Habla verdad si tiene que hacer una confesión a su esposa.

También habla verdad así esto lo avergüence. Hace poco escuché acerca de un líder cristiano que al ser confrontado con la acusación de sostener un romance por la red mundial de computadoras, lo negó hasta que le presentaron las evidencias. Nuestra inclinación a esconder el pecado es tan potente que puede resultar casi imposible decir la verdad sobre nosotros mismos ¡a nosotros mismos, cuánto más a otra persona!

La persona de integridad dice la verdad así esto la lastime. Muchos años atrás aquí en Chicago el entrenador de un equipo de béisbol perdió un partido porque reconoció que uno de sus corredores no había tocado la tercera base. El jugador estaba iracundo porque el árbitro no había notado la infracción, pero para este entrenador la verdad era la verdad y la honestidad era la honestidad.

El íntegro habla la verdad así esto lo inculpe. Sé de un hombre que afirmó haberse lastimado en su lugar de trabajo cuando en realidad sucedió en un accidente de cacería. Por esa simple afirmación, recibirá compensación laboral durante el resto de su vida. Cierto ministro que visitó la iglesia dijo a este hombre que debía confesar la verdad a la junta compensatoria, a lo cual respondió: "¿Acaso usted quiere que yo vaya a la cárcel?"

Sin embargo, hay algunas cosas peores que la cárcel. Una de ellas es perder la comunión con el Dios viviente a causa de algún pecado que no hayamos querido corregir. Un hombre de integridad prefiere ir a la cárcel antes que abrigar un pecado en su conciencia que lo aparte de la presencia de Dios.

Todos deberíamos hacer esta oración: "Libra mi alma, oh Jehová, del labio mentiroso, y de la lengua fraudulenta" (Sal. 120:2). Además, nuestra identidad perdida puede ser restaurada si recordamos que "el que encubre sus pecados no prosperará; mas el que los confiesa y se aparta alcanzará misericordia" (Pr. 28:13).

Honra las amistades

El hombre de integridad "no calumnia con su lengua, ni hace mal a su prójimo, ni admite reproche alguno contra su vecino" (Pr. 15:3). Alguien ha dicho: "Si usted quiere saber quiénes son sus amigos, cometa un solo error grande en público". Algunos de sus amigos se apresurarán a buscar refugio y negarán cualquier vínculo cercano con usted, pero sus amigos verdaderos permanecerán a su lado. Para el hombre de integridad la reputación de su prójimo será mucho más importante que la propia. Bienaventurados los que saben honrar las amistades.

Esta es una situación que sucede con tanta frecuencia que puede estar seguro de que ahora mismo alguien está en medio de ella. Una persona es librada de su responsabilidad dentro de una organización. Tal vez ha sido despedida del personal de la iglesia o ya no forma parte de la junta en un ministerio eclesiástico. Quizás le pidieron que renunciara a causa de su incompetencia, su deshonestidad o por asuntos de moralidad. También es posible que no haya mostrado la mezcla apropiada de dones y talentos, lo cual le hace incompetente para el trabajo.

> LAS PERSONAS ÍNTEGRAS NO TRATAN DE APARENTAR SER MEJORES DE LO QUE SON.

Solo el pastor o su supervisor conoce todas las razones para el despido, pero quien despide debe permanecer en silencio porque no quiere perjudicar la reputación de la persona. Tampoco quiere lastimar a su familia ni afectar el futuro de esa persona. Se espera en ese caso que el líder sea una persona de integridad y confiabilidad para que no divulgue los detalles sórdidos del asunto.

El empleado despedido sabe que puede depender en la discreción de su pastor o empleador para no contar "toda la verdad" acerca de por qué fue despedido. Esto significa que ha quedado en libertad de dar cualquier razón que quiera para su despido, a fin de despertar lástima y hacer quedar mal al líder, a quien le toca resolver el asunto. De hecho, el empleado despedido podría no contarle a su esposa toda la historia y sería libre de contar parte de la verdad, adornar la verdad o inventarse la "verdad" como se le antoje. Puede quedar tan bien como desee al mismo tiempo que hace ver mal a su superior. No hay mucho que pueda hacerse al respecto.

Si el líder tiene integridad, soportará las calumnias y no tratará de justificarse a sí mismo. Aceptará con humildad esta carga propia del liderazgo y manejará las críticas como mejor pueda. Si el empleado despedido tuviera integridad, habría hablado bien de la decisión sin importar que estuviera o no de acuerdo con ella. También habría alentado a los demás a continuar su apoyo al ministerio. Es decir, habría asumido la mejor actitud con la convicción de que Dios usa aun las injusticias para refinarnos. Alguien ha dicho sabiamente: "Tus amigos solo pueden ayudarte a realizar tu potencialidad, pero solo tus enemigos pueden llevarte más allá todavía". En cualquier caso, las personas íntegras no se esfuerzan en verse mejor de lo que en realidad son.

¡Integridad!

Cumple sus compromisos

David continúa la descripción del hombre de integridad "a cuyos ojos el vil es menospreciado, pero honra a los que temen a Jehová.

El que aun jurando en daño suyo, no por eso cambia" (Sal. 15:4).

Pensamos de inmediato el juramento del matrimonio. Con este voto sagrado no decimos: "Te amaré mientras me des la satisfacción que merezco". Tampoco dice: "Te amaré hasta que encuentre a alguien que sea más compatible con mi personalidad". Así una situación trágica haga necesario un divorcio, el hecho es que no podemos considerar la muerte de un matrimonio sin afligirnos. Debemos hacer lamento por la pérdida de la integridad cada vez que se rompen por cualquier razón los votos solemnes que se hicieron en el pasado.

Una promesa es más que una frase dicha con palabras emotivas. Una promesa es una declaración acerca de la manera como uno se propone vivir y lo que se propone hacer. Es cierto que en algunos casos las promesas tienen condiciones implícitas. "Me reuniré contigo para desayunar", significa que estaré allí si todo sigue como va. No diríamos que sea una falta a la integridad el no poder cumplir esa cita por causa de una serie de razones válidas. Por otro lado, los que carecen de integridad utilizarán cualquier excusa para evitar un compromiso. También hay personas que hacen toda clase de compromisos aunque saben que no pueden o no están dispuestas a cumplir lo que prometen.

¿Se puede confiar en que alguien guarde un secreto? En la mayoría de los casos se puede mientras esto no afecte el ego de esa persona. Lo cierto es que aun las personas que usted considera íntegras optarán por no cumplir la promesa de guardar un secreto si pueden obtener algún beneficio por contarlo. Faltarán a su propia palabra si la divulgación de la historia puede fortalecer su "amor propio". Si han recibido acusaciones falsas y contar el secreto las hará quedar bien, no espere que cumplan su palabra. Nuestro deseo de protegernos es tan fuerte que haremos excepciones siempre que nos convenga.

De igual modo, las personas guardarán silencio así les toque traicionar a sus amigos, si hablar pueda costarles. A cierto pastor joven y amigo mío los ancianos de su primera iglesia le pidieron que visitara a un granjero acaudalado que tenía gran influencia en la comunidad. Asistía a la iglesia en ciertas ocasiones y le daba su apoyo financiero. El encargo específico de los ancianos era que averiguara si el hombre era salvo. "No estamos seguros de su condición espiritual", dijeron.

El pastor visitó al nombre y le preguntó, con algo de ingenuidad: "¿Es usted salvo?" El hombre se enfadó y dijo al pastor que se sentía insultado. Durante la siguiente reunión de negocios en la iglesia. el hombre ofendido se puso de pie y dijo: "Este pastor tuvo el atrevimiento de preguntarme si yo era cristiano, ¿qué creen que debemos hacer al respecto?" Tras decir esto se sentó.

Silencio absoluto.

El hombre se levantó de nuevo y dijo: "Yo creo que deberíamos pedirle que se vaya". Se hizo una votación y el pastor fue despedido. ¡Ningún anciano levantó un dedo para defenderlo! El encargado de mantenimiento estuvo al tanto de la reunión por el altavoz del sótano y fue el único que se acercó al pastor, puso un brazo en su hombro y le dijo que se sentía apenado por lo sucedido. El pastor salió de la iglesia y caminó varios kilómetros bajo la lluvia, sin poder lo creer lo que le había sucedido. No me sorprende que optara por no volver a ejercer de pastor. Ni un solo anciano quiso hablar en su defensa o explicar que había visitado a ese hombre por petición suya.

¿Dónde quedó la integridad?

Rehúsa aprovecharse de otros

El hombre de integridad es aquel "quien su dinero no dio a usura, ni contra el inocente admitió cohecho" (Sal. 15:5). No deberíamos interpretar el texto para decir que sí podría aceptar cohecho o soborno para perjudicar a alguien que no sea inocente. El significado simple del texto es que se trata de una persona que no está dispuesta a aprovecharse de los demás. El íntegro no subirá sus precios solo porque sepa que puede salirse con la suya.

La regla del Antiguo Testamento en el sentido de que no debía practicarse la usura (o el cobro de interés como lo llamamos en la actualidad), no tiene que ver con nuestra práctica moderna de recibir interés por nuestras inversiones. Si yo le presto a usted dinero que le permitirá hacer más dinero, tengo el derecho de recibir ganancias por mi inversión. Lo que Dios prohibió fue la injusticia de recibir usura de los pobres, quienes no tienen la posibilidad ni los medios para hacer dinero con el dinero. No debemos aprovecharnos así de los demás.

La integridad todavía puede encontrarse si la buscamos en el lugar correcto. Un hombre cristiano alentó a misioneros y obreros cristianos a comprar las acciones de una compañía minera, porque contaba con evidencias fehacientes de que su precio subiría, lo cual hizo por un tiempo. No obstante, la mina colapsó y el valor de las acciones cayó con más rapidez de lo que subió, por lo cual muchas personas honradas perdieron su dinero.

¿Qué hizo el hombre en cuestión? No tenía la obligación legal de hacer algo, todo el mundo sabe que si uno invierte en el mercado de valores existe la posibilidad de perder todo el dinero. No obstante, este hombre liquidó todos sus bienes y pagó a cada persona lo que había invertido en el mercado. Este es un hombre que no podía ser comprado ni vendido, un hombre que fue mucho más allá del cumplimiento de su deber con el único interés de ser piadoso ante Dios, antes que procurar sus propios intereses. Compare esto con el famoso escándalo de la compañía de energía *Enron* de Texas que tuvo lugar en el año 2002, y podrá ver cuán insólita ha llegado a ser la integridad.

Ni se compra ni se vende

Los expertos nos dicen que todo está a la venta. Muestre un fajo de billetes y las personas echarán su integridad a la alcantarilla si el precio es correcto. Por esa razón contamos con esta amonestación maravillosa: "Compra la verdad, y no la vendas; la sabiduría, la enseñanza y la inteligencia" (Pr. 23:23).

¿Está usted a la venta?

Se cuenta la historia de un hombre que dijo a una mujer: "¿Te acuestas conmigo por 50.000 dólares?" Ella pensó un minuto y dijo: "Por 50.000 dólares sí, creo que sí lo haría". Luego el hombre le dijo: "¿Lo harías por 50 dólares?", a lo cual ella replicó indignada: "¿Usted quién cree que soy yo?" El hombre respondió: "Ya sabemos lo que eres, solo nos falta negociar el precio".

Que se diga de nosotros que no estamos a la venta. Hay cosas por las cuales vale la pena ser despedidos del trabajo. Hay ciertas cosas por las cuales vale la pena perder nuestra herencia, otras por las que vale la pena ir a la cárcel y otras por las que vale la pena salirse de la universidad o dejar de perseguir nuestros sueños. Bienaventurados los que tienen la verdad y no la venden por ningún precio.

El estadista y escritor inglés Tomás More era un católico, así que sobra decir que no estoy de acuerdo con su teología, pero lo que admiro bastante es su integridad. El rey Enrique VIII insistió en que More firmara el acta de supremacía que convirtió al rey en la cabeza de la iglesia anglicana. Sin embargo, Tomás More como buen católico que era, no estuvo dispuesto a permitir que Enrique superara en autoridad al Papa. Aunque habían sido amigos mucho tiempo, More dijo al rey que no le iba a apoyar aunque sabía muy bien que podría costarle la vida, tal como sucedió.

El adagio popular "sálvese quien pueda" no tiene validez histórica. Los mártires a través de la historia de la iglesia nos dirían que hay cosas por las que vale la pena morir. Bienaventurados los que no aman su vida más de lo que aman el evangelio. Bienaventurados los que creen que la integridad es más importante que cualquier cosa que el mundo les ofrezca a cambio de ella. Esa clase de persona puede subir al monte santo de Dios y agradar a su Señor.

NATURALEZA DE LA INTEGRIDAD

Hay muchas lecciones que debemos aprender acerca de la integridad.

En primer lugar, la integridad es frágil. Una vez perdida, se requiere de mucho tiempo y energía para recuperarla, si acaso es posible. No es como el agua derramada que puede volver a introducirse al balde. Una ilustración mejor es que la integridad es como un florero de cristal que se rompe en mil pedazos al caer al piso y solo puede arreglarse con mucha paciencia, pedazo por pedazo. Incluso después de haber pegado todos los pedazos, quedarán fisuras visibles que recordarán cómo se rompió el florero.

Si usted no cree que la integridad sea tan frágil, trate de volver a hacer negocios con un amigo al que haya defraudado, o trate de restablecer la relación con su esposa después de haberle mentido. En cierta ocasión suministré información delicada a un amigo y él prometió guardarla en secreto, pero lo que hizo fue divulgarla a las mismas personas que yo no quería que se enteraran. Ahora, cada vez que almorzamos juntos solo le digo cosas que quiero divulgar también a otras personas. Barclay cita a alguien que dijo: "Existen tres cosas que nunca vuelven intactas: la flecha lanzada, la palabra hablada y la oportunidad perdida".[8]

En segundo lugar, perder su integridad comienza con fracciones minúsculas. Varios años antes de que una llanta estalle, sus ranuras microscópicas comienzan a aumentar poco a poco bajo la presión continua. Si usted ve que un automóvil tiene que salir de la carretera por culpa de una llanta, es un problema que se ha gestado desde mucho tiempo atrás. De igual modo, los defectos ocultos del carácter pueden tardar años en hacerse evidentes. Lo más probable es que el hombre sorprendido hoy en su deshonestidad ha sido deshonesto por mucho tiempo.

A los que todavía no han contraído nupcias, permítanme darles algunos consejos. Si descubre que el hombre con quien sale es deshonesto, puede tener la seguridad de que usted no es la primera persona a quien él mentirá. Las faltas a la integridad parecen a primera vista situaciones aisladas, pero por lo general son sintomáticas de un patrón de conducta definido.

DEBEMOS SER PERSONAS CON DISCERNIMIENTO QUE NO TIENEN MIEDO DE PAGAR CUALQUIER PRECIO POR LA VERDAD.

En tercer lugar, la restauración de la integridad comienza con el arrepentimiento. Todos hemos fallado una que otra vez en la integridad, y debemos saber que esta solo puede recuperarse por medio de un examen profundo y honesto de nuestro corazón. Después debemos estar dispuestos a hacer lo que sea para estar bien del todo con Dios y los seres humanos. Nunca nos parecemos más a Satanás que cuando mentimos.

A la persona que lucha con la mentira presento esta cura segura para ser librada de este pecado: al mismo instante de ser deshonesta, confiese esto de inmediato a la persona afectada. Interrumpa la conversación y diga: "Lo que te acabe de decir es una mentira". Creo que este método le ayudará a entrenar su corazón y su mente en la disciplina de decir siempre la verdad.

El historiador Josefo cuenta la historia famosa acerca de diez mil judíos que protestaron porque al general romano Petronio se le ordenó erigir una estatua del emperador Calígula en el templo de Jerusalén. Su protesta fue silenciosa pero elocuente: alzaron su cabeza y expusieron su cuello para insistir en que preferían morir antes que convertirse en idólatras. Tras las negociaciones, Petronio quedó tan conmovido por el valor de estos hombres que escribió al emperador para decirle que su honor le impedía poner esa estatua en el templo.[9] Los que prefieren morir antes que arriesgar sus creencias religiosas son ejemplos excelentes de integridad, bien sea que estemos o no de acuerdo con sus creencias.

Si esperamos tener una influencia duradera en el mundo, si esperamos que Dios bendiga nuestros esfuerzos para esparcir el evangelio y ser "sal y luz", debemos aprender a distinguir la iglesia del mundo. Debemos ser un pueblo con discernimiento que no tiene miedo de pagar cualquier precio por la verdad. En la raíz de todos los juicios tratados en este libro está la integridad, aquella cualidad del carácter que se mantiene firme en contra del egocentrismo que caracteriza a nuestra cultura. Quizás lo mejor que podemos hacer es citar las palabras de Job: "Péseme Dios en balanzas de justicia, y conocerá mi integridad" (Job 31:6).

Invoquemos a Dios para pedirle que nos de tanto el deseo como la capacidad para ser un pueblo veraz que defiende la verdad en una sociedad descompuesta. Por su gracia vamos a ser la iglesia, aquel cuerpo cuya influencia es mayor que la cantidad de sus miembros, aquel cuerpo que tiene un mensaje por el cual podemos ser transformados.

¡Levántate oh iglesia de Dios!
Deja ya de hacer cosas imperfectas,
Entrégate de corazón, alma, mente y fuerzas
Para servir solo al Rey de reyes.

¡Alza en alto la cruz de Cristo!
Pon tus pies en sus pisadas

Como hermanos del Hijo del Hombre,
¡Levántate oh iglesia de Dios!

NOTAS

1. Richard W. Dortch, Integrity: *How I Lost It and My Journey Back* [Integridad: cómo la perdí y mi viaje de regreso] (Green Forest, Arkansas: New Leaf, 1993).
2. Stephen Carter, *Integrity* [Integridad] (1996; Nueva York: HarperTrade, 1997; Nueva York: Basic Books, HarperCollins, 1996), p. 4.
3. *Ibíd.*, p. 7.
4. *Ibíd.*
5. *Ibíd.*
6. Warren W. Wiersbe, *The Integrity Crisis* [La crisis de la integridad] (Nashville: Thomas Nelson, 1988), p. 20.
7. *Ibíd.*, p. 11.
8. William Barclay, *The Letter to the Romans* [La carta a los romanos] (Edimburgo: St. Andrew: 1965), p. 179.
9. Carter, *Integrity* [Integridad], p. 15.

EDITORIAL
PORTAVOZ

NUESTRA VISIÓN

Maximizar el efecto de recursos cristianos de calidad que transforman vidas.

NUESTRA MISIÓN

Desarrollar y distribuir productos de calidad —con integridad y excelencia—, desde una perspectiva bíblica y confiable, que animen a las personas a conocer y servir a Jesucristo.

NUESTROS VALORES

Nuestros valores se encuentran fundamentados en la Biblia, fuente de toda verdad para hoy y para siempre. Nosotros ponemos en práctica estas verdades bíblicas como fundamento para las decisiones, normas y productos de nuestra compañía.

Valoramos la excelencia y la calidad
Valoramos la integridad y la confianza
Valoramos el mérito y la dignidad de los individuos y las relaciones
Valoramos el servicio
Valoramos la administración de los recursos

Para más información acerca de nuestra editorial y los productos que publicamos visite nuestra página en la red: www.portavoz.com